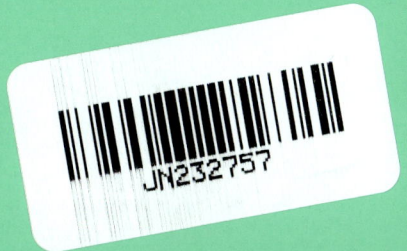

ORIGAMI PLANE

【ハンディ版】動物が飛ぶ！
怪獣・ロボットが行く！

スーパー
おり紙
ヒコーキ

日本折り紙ヒコーキ協会会長
戸田拓夫

いかだ社

目次

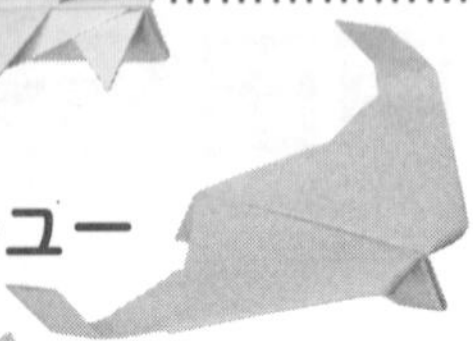

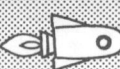

おり紙ヒコーキの面白さの原点にもどる

おり紙ヒコーキの創作を手がけて今年で25年になります。この間に約500種類の機種を考案しました。この度はその中で特に個性的なおり紙ヒコーキを集めて本にしようということになりました。

創作してきたヒコーキはどれもが個性的だと思っていましたが、最近１人の友人から「理論にかなった飛行機をつくろうとしすぎていないか？」と指摘されました。裏を返せば、面白みがなくなっていると言われたような気がしました。おったものが飛ぶという範ちゅうにあれば自由に表現していけばよいのに、いつの間にか人に評価されることを期待したようなものをつくろうとしていることに気づかされました。

そういう意味でもっと素朴におり紙ヒコーキの面白さを追求しようとした結果、この本ができました。

紙ヒコーキタワー、全日本折り紙ヒコーキ大会

さてこの本の著作にあたった2003年は本当に大きな出来事がありました。その１番はなんといっても、多くの人に支えられて紙ヒコーキを飛ばすためのタワーができたことです（p94参照）。

３年前はじめてその山頂に足を踏み入れた時に、車のラジオから“はしだのりひことシューベルツ”というグループが歌う『風』という曲が流れていました。さわやかな風とともに360°の村を見おろす展望に、ここにいつの日か紙ヒコーキを飛ばす建物を建てられる日がくればいいと強く感じました。そしてそのままの思いを村長さんに話しました。まさかその言葉どおりに、こんなに早くタワーができようとは思いもしませんでした。

竣工式の日、著名人臨席の場で、感謝の言葉を壇上で話すつもりが途中言葉につまり、涙とともにありがとうございましたとくり返すのが精一杯でした。運営にはまだ多くの課題を残しつつも、まずもって紙ヒコーキの聖地をつくる夢構想の第１歩を踏み出したことはなによ

りでした。
またタワー完成を記念して、第１回全日本折り紙ヒコーキ大会を開催することとなりました。滞空時間を競うもので、室内記録会を兼ねた予選大会を３月９日と21日に２会場で行い、タワーからの決戦大会を22日に行いました。参加希望者数は総勢1000名を超え、入場制限をせざるをえませんでした。今後は日本各地での大会をふやし、名実ともに世界大会にまで発展させたいと考えています。

滞空時間の世界記録に挑戦！　そして……

この滞空時間というものですが、実は米国のケン・ブラックバーンという方が26秒台のギネス記録をもっておられます。昨年、その記録に挑戦してくれという日本テレビの番組からの依頼がありました。ギネスのルールとしては切っても貼ってもよいというものでした。
切ったり貼ったりするのが認められるのならば40秒以上出す自信がありますが、それではおり紙ヒコーキとは言えないのではないかということで異を唱えさせていただきました。テレビ局によると、今回は切らないというテーマで彼が挑戦して出した記録が17.1秒ということでした。それならばと同じ条件で私が挑戦したところ、数回の投てきで18.1秒を出すことができました。この内容は2003年６月に全国でテレビ放映されました。これが今のところ、公式で認められた純然たるおり紙ヒコーキの室内世界記録だと言えると思います。
実は練習では何度か26秒以上を出していますが、マスコミや多くの人が見守る中の数回の投てきでその記録を出すのは至難の業です。無風の室内で記録をねらうには、反転しないぎりぎりまで昇降舵のひねりをおさえ、垂直にできるだけ高く投げ上げなければなりません。結果として性能のよいおり紙ヒコーキほど真下まで降りてきてしまう公算が大きく、最高点で水平飛行をさせるには本当に微妙な力加減が勝負となります。

そんなことを考える毎日に対し、前述の友人からの言葉でまた、おり紙ヒコーキの面白さは記録だけではないのだという原点にもどろうとしています。

私の将来の夢

年齢も50歳に近づき、若い人と競うのも厳しいかなと思うようになりましたし、技のすべてを直接指導した人もふえ、近い将来の大会で私の記録が破られることであろうと思います。

将来といえば、取材などを受ける時に必ず聞かれるのが「将来の夢はなんですか？」です。広島県豊松村を紙ヒコーキの街にすること、そのためにこの度はじめた全日本大会を世界大会にまで昇華させていくことが一つ。宇宙から地球に向けており紙ヒコーキを飛ばし、燃えずに滑空・着陸させることが一つ。自分なりにいろいろ考えた答えですが、これまでそういった大きなことばかりを話してきました。

しかしある日、仕事で訪れた街に落ちていた紙ヒコーキを拾った時、なんともいえず嬉しい気持ちになりました。というのも、それは私の考案したスカイキングというおり紙ヒコーキだったからです。ある作曲家が言っていましたが、名も知らない海外の街で、自分の曲がその国の歌詞に置き換えられて流れてきたのを聞いた時に、ものすごく感動したそうです。作曲をした自分の名は知られていなくても、多くの人々に親しまれているという感動。私のおり紙ヒコーキもそうありたいと願っています。

いつの日か、仕事を離れ、世界中を旅して周り、その土地に私の紙ヒコーキを根付かせていくというのが、今の私の第１の夢になりました。

戸田拓夫

おりの約束と基本

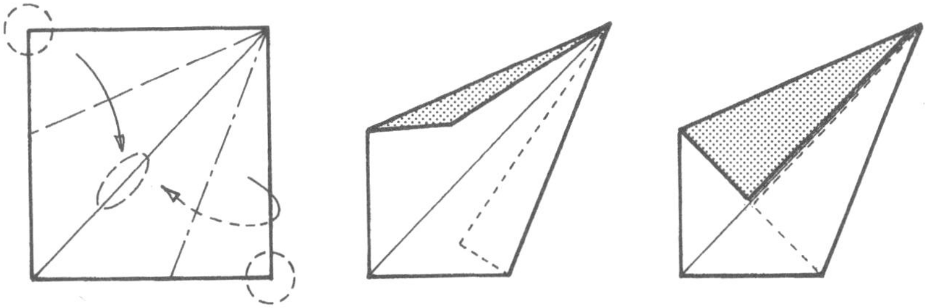

紙のわく線

谷おり線（おった後、内がわにかくれる）

山おり線（おった後、外がわに出る）

一度おって開いた線（とくに必要な時のみしるす）

──センター──　すでにおって開いた中央線（形状的に明らかな中央線の場合は、とくにおりの手順は書かず省略）

紙のわくのかくれ線（とくに必要な時のみしるす）

目標となる点

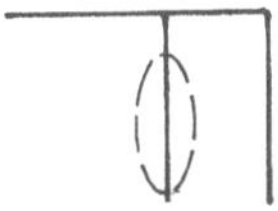

目標となる線

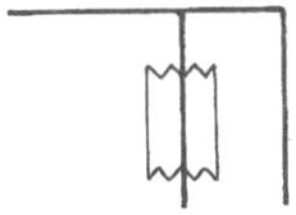

テープどめ（テープでとめると性能がよくなる所）

表がわにおる

裏がわにおる

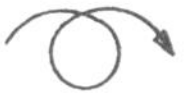

まくようにおり重ねる、またはうらがえす

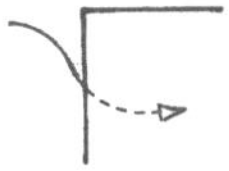

もぐりこませる

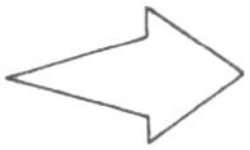

拡大する

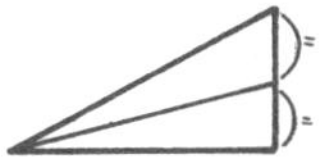

同じ長さを示す

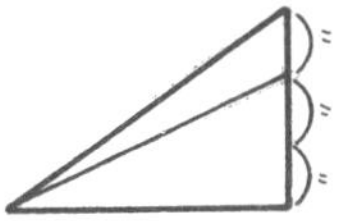

倍の長さであることを示す

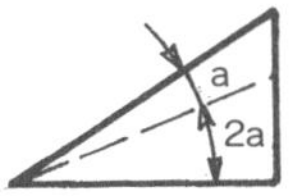

２ａがａの２倍の角度であることを示す

内まくり

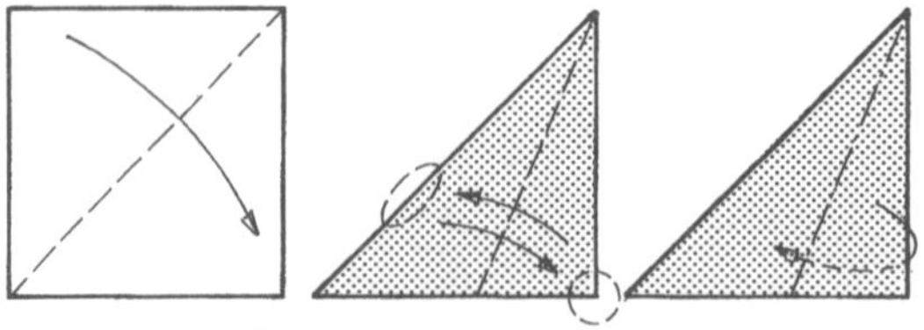

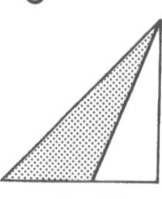

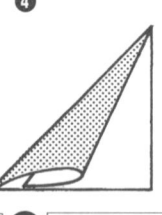

❶ 半分におる ➡ ❷ 上の紙だけおってもどす ➡ ❸ ❷でつけたおり目を山おりにかえて… ➡ ❹ 内がわにもぐりこませる ➡ ❺ 完成

中わりおり

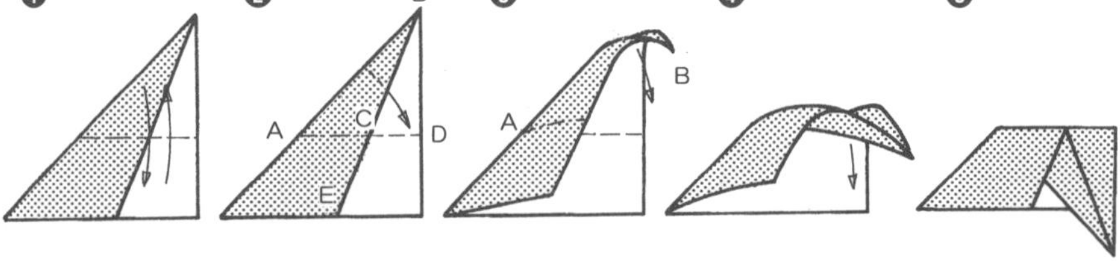

❶ 内まくり❺の形から、おり目をつけてもどす ➡ ❷ ＡＣは山おり、ＡＤは谷おりになるように ➡ ❸ すき間を広げ、ＡＢを内がわに押しこむようにする ➡ ❹ さらに押しこむ ➡ ❺ 完成

2段中わりおり

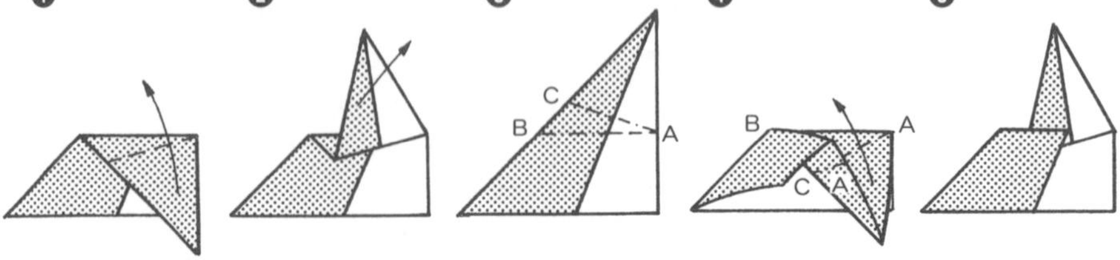

❶ 中わりおりの❶の下におった状態から ➡ ❷ ひらく ➡ ❸ ＡＢのラインで中わりおり ➡ ❹ ＡＣのラインで中わりおり ➡ ❺ 完成

しっかりとおり目をつけよう

紙の面積やおる方向によっては変わることもあります。

1 左下をつまみ上げ、左上の角に持っていく。

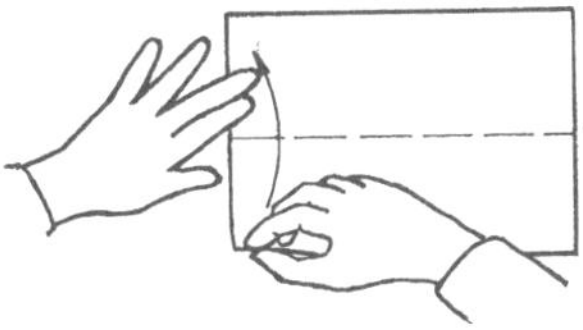

2 左上を合わせたら、右手はそのままで左手をぬく。

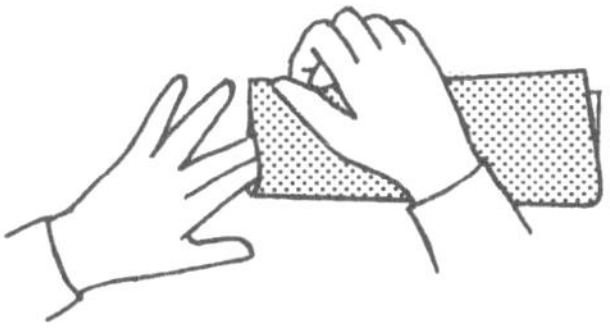

3 左手で紙の左下をそっと押さえる。

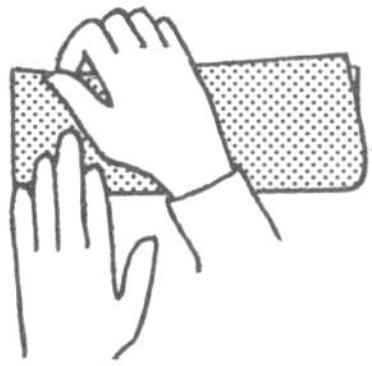

4 左手指先で左下を強く押さえたまま、右手をはなす。

5 右上をつまみ、矢印の方へ引っぱるようにして紙の端を合わせる。

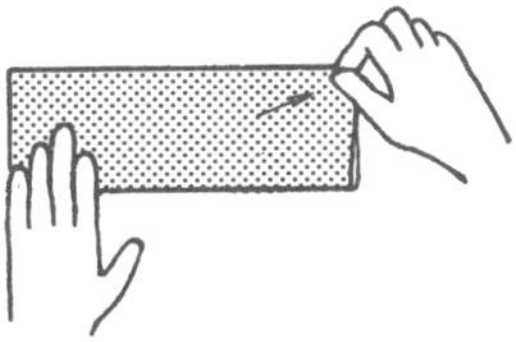

6 小指を軸にして他の指を開きながら左下におり目をつける。

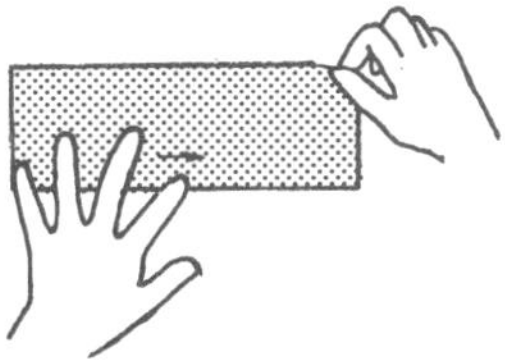

7 左手指先で紙を強く押さえたまま、右手をはなす。

8 右手で右下をそっと押さえ、かるくおり目をつける。

9 右手親指のつめの先で強くおり目をつける。

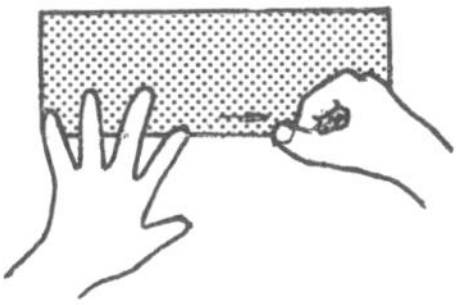

10 左下も同様にしており目をつける。

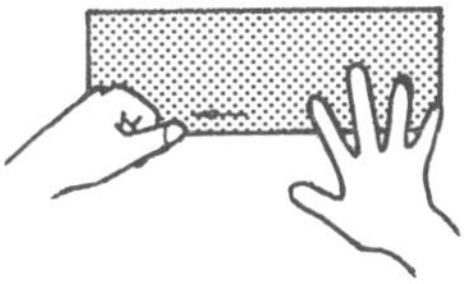

定規を使っておる

離れた２点を結ぶ線でおる時は、定規を使うと便利です。

1

2 ２点に定規を合わせて

3 爪《つめ》を押しつけるようにしており目をつける。

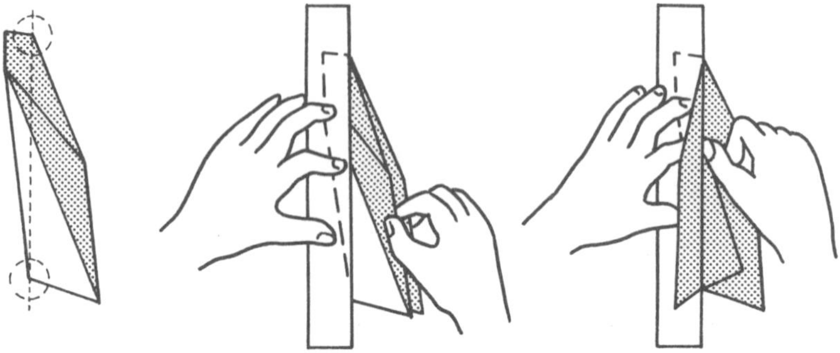

紙ヒコーキに適した紙

おり重ねが少ない紙ヒコーキには、一般的にコピー用紙レベルの厚みの紙が適しています。

しかし、複雑なおりをする紙ヒコーキには、うすくて少し硬めの紙が適しています。硬めの紙というのは、おった時におりの部分が紙の弾力でふくらんだりしません。また強度もあるため、強い投げにも耐えられます。この硬めの紙は、指でつまみ上げて左右にふると、カシャカシャという音がする紙のことをいいます。

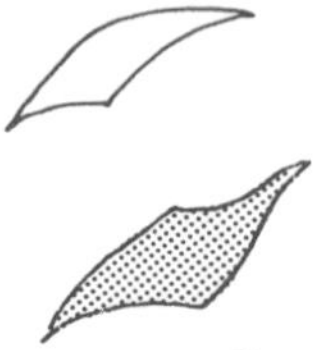

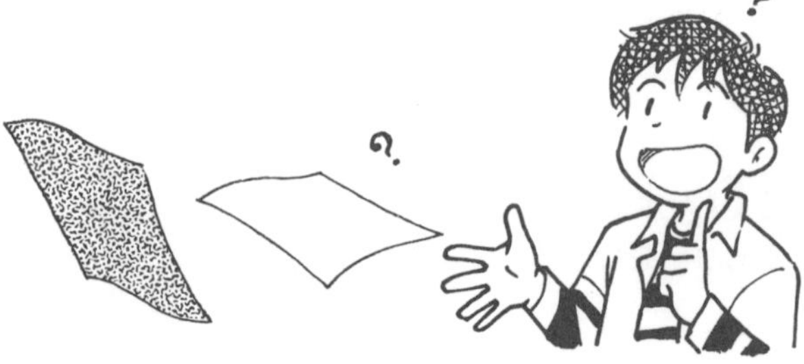

調整と飛ばし方

ヒコーキをおり終わったら、
飛ばす前に調整しよう。
調整をしっかりしておくと
ヒコーキがよく飛ぶようになるよ。
つぎの調整法と、機体に合った
正しい投げ方をおぼえてね。

1 ヒコーキのよじれを直す

まず正面から見て、翼に大きなよじれがないかチェックする。よじれていたりふくらんでいると飛ばない。よじれの大きい翼は机の端にのせて、上から定規などでこすって直そう。

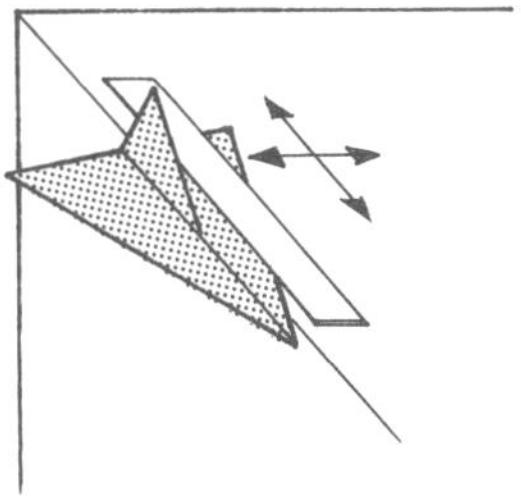

2 昇降舵《しょうこうだ》をつける

翼の後方を5mmほど、爪をたてるようにしてわずかに上にひねっておこす。これが［昇降舵］となる。昇降舵があるとヒコーキがぐんと飛ぶようになる。
（爪をたてる方が、おりがもどりにくい）

横から見ると

3 昇降舵のチェック

約5°くらい下向きに、まっすぐ押し出すような感じでそっと投げてみよう。手首のスナップはきかさず、棒をまっすぐに投げるように。

胴体の先から3分の1の
ところを持つのが望ましい

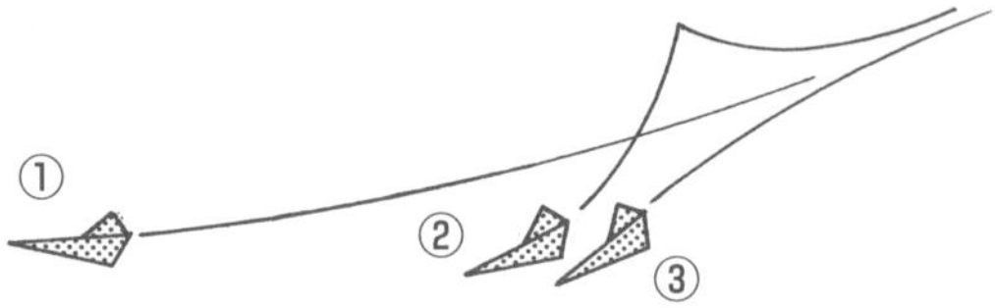

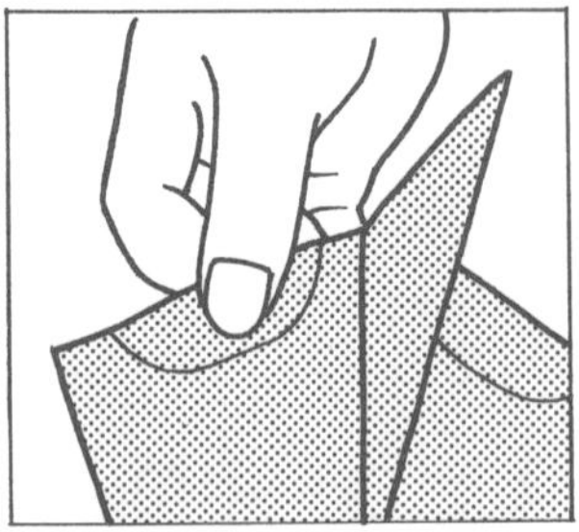

①のようにまっすぐにスーッと飛んでいけばOK。ちょうどよいひねり。
②のように一度くいっと上昇して大きく降りる場合は、昇降舵のひねりが強すぎる。少し下げて調整する。

③のように下へストンと落ちてしまう場合は昇降舵のひねりが弱すぎる。少し上げて調整する。

4左右に曲がる場合の調整

ヒコーキが左右へ曲がる場合は、片方の昇降舵だけをおこして調整する。昇降舵の右を上にひねるとヒコーキは右に曲がる。左を上にひねると左に曲がる。（図１）

また垂直《すいちょく》尾翼《びよく》（「高記録を生む10のポイント」参照）を上から見て右にひねると右へ、左にひねると左に曲がる。（図２）

図１

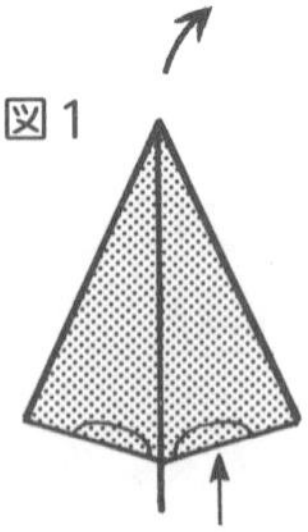

上にひねる

図2

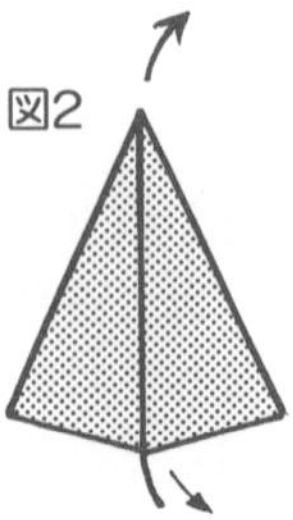

右にひねる

垂直尾翼はなるべくさわらない
垂直尾翼の調整を先にすると、飛行のバランスはとれても、弱い風に巻かれやすい機体になる。方向の調整はできるだけ主翼の昇降舵でする方がよい。

5 ヒコーキの飛ばし方

遠くへ飛ばすには（距離競技）………Aタイプ

３、４の調整でまっすぐにきれいな飛行をするようになったら、さらに強いスピードでまっすぐに投げてみよう。

自然にやや上向きにかまえ、まっすぐに思いきり送り出す。一連の動作は素早く、手が完全に伸びきる直前にヒコーキから手がはなれるのが望ましい。棒をまっすぐに放り投げるイメージで。ふりかぶったりしないこと。

距離競技の飛ばし方

長い時間飛ばすには（滞空時間競技）………Bタイプ

図のように真上に思いきり投げてみよう。①のように10～20mの上空で反転して飛行にうつれば成功。②のように大きく反転して、投げた位置まで急降下するのは失敗。その時は昇降舵のひねりを下げる。

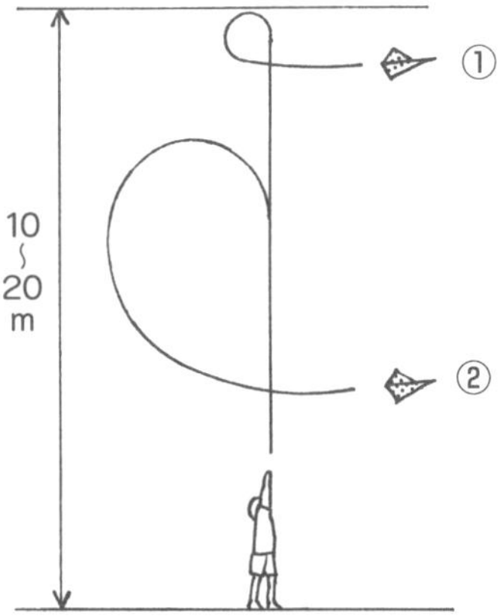

滞空時間競技の飛ばし方

わずかに体を沈め、ほぼ真上に向けて、体全体をバネにするような感じで思いきり投げる。距離競技と同じく手首のスナップは使わず、棒を投げるように投げ上げよう。

立体カメ虫を飛ばすには………Cタイプ

立体カメ虫（p32）のような特殊な形のヒコーキは、独特の投げ方をしなくてはならない。図のように四角い口の底をつかんで構え、野球のボールのようにふりかぶってスナップをかえして投げよう。投げると、くるっと反転して四角い口が先になり、はばの広い方が下になって飛んでいく。

立体カメ虫の飛ばし方

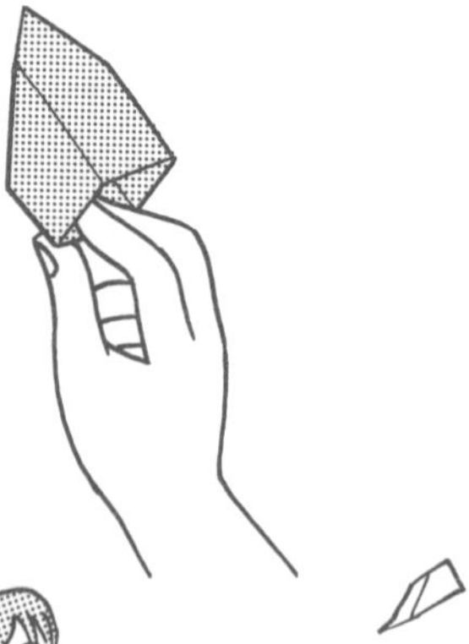

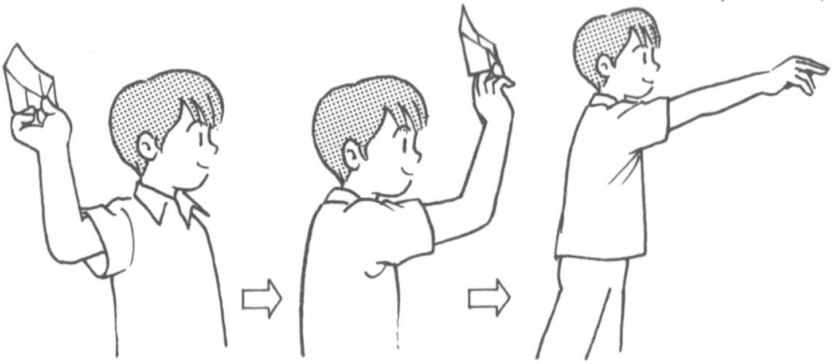

親指を外に、人さし指と中指を中にして口を持ち、ふりかぶって上空に飛ばす。

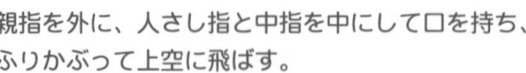

知っておこう！

高記録を生む10のポイント

少しむずかしいかもしれないけれど、
これを知っておいてつくると、
ヒコーキが見ちがえるように飛ぶようになるぞ！

ポイント1　主翼《しゅよく》の形

おり紙ヒコーキの主翼の形は、大きく４パターンに分けられます。

本物の飛行機では、翼は（たわみさえしなければ）横に長いほどよいとされます。「鳥人間コンテスト」などで大記録を打ち立てるグライダーは、おおむね長い翼を持っています。しかし、おり紙ヒコーキは弱い紙でできているので、あまり横に長い翼だと風に耐えられずおれてしまいます。そのあたりの加減がポイントです。

①と②は翼が幅広のタイプで滑空性能（かっくうせいのう）がよく、長い時間飛んでいます。滞空時間競技に向くタイプです。ただし方向がそれやすく、強く投げると宙返りする傾向があります。

滑空性能がよいのは①ですが、翼が弱くて強く投げることができず、高くまで投げ上げられません。よって一番よく飛ぶのは②のヒコーキです。中でも翼の縦横の比率が１対１のものが最も長い時間飛んでくれます。

③と④は翼が細長くて滑空性能が劣りますが、風の抵抗が少ないのでスピードがでます。投げ上げれば高く飛びますが、すぐ落ちてきてしまいます。距離競技に向いているタイプです。

④のヒコーキは遠くまで投げることができますが、翼の横幅がせまいので機体が安定せず、回転して墜落する可能性があります。距離競技には③が一番向いているといえます。

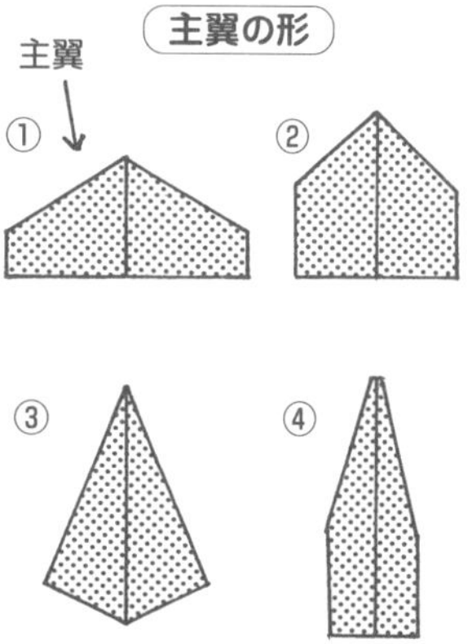

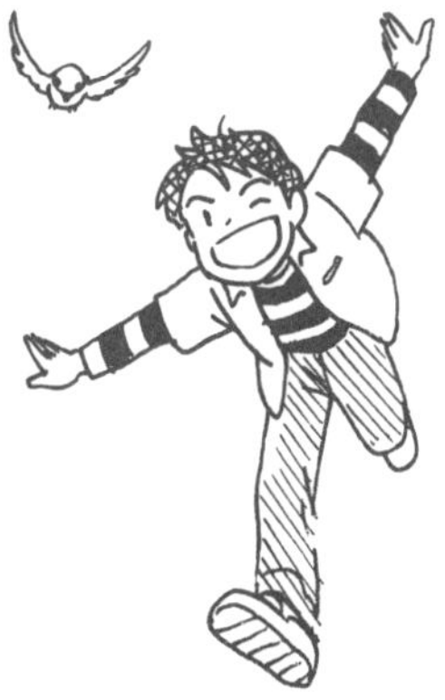

ポイント2　垂直尾翼《すいちょくびよく》の位置

おり紙ヒコーキの垂直尾翼は、必ずしもはっきりした形をしていません。その場合は、ヒコーキの重心より後ろにある垂直に立った部分、つまり胴体の後ろがそのまま垂直尾翼の役割をします。

重心より後ろにある垂直尾翼の面積が広くなるほどヒコーキの方向安定性は増し、まっすぐ飛びやすくなります。垂直尾翼が大きいおり紙ヒコーキは距離競技に向いているのです。

おり紙ヒコーキの垂直尾翼のパターンを①～⑤までに示しました。垂直尾翼は重心より後ろにあればあるほどよいので、一番すぐれた形は④です。反対に悪いのは①のパターンです。

①のようにどうしても垂直尾翼が前に来る場合は、胴体部分を垂直尾翼にすることをあきらめ、両翼の端を立てた⑤の形にした方が方向性は安定します。

12ページで解説したように、垂直尾翼は左右に少し曲げただけで大きく旋回（せんかい）するので、垂直尾翼にはなるべくさわらないようにしましょう。

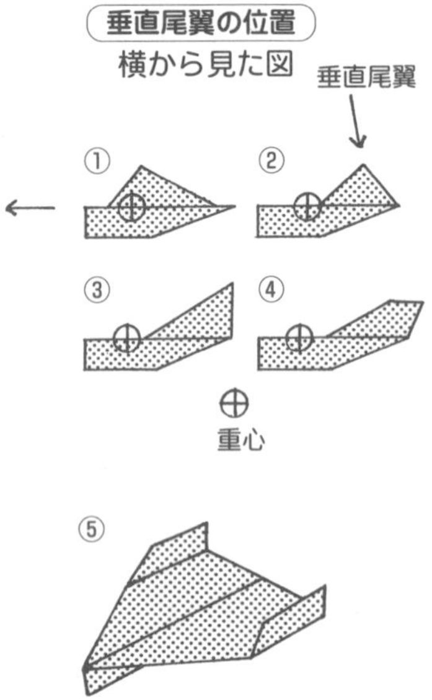

ポイント3　重心の位置

重心は、ヒコーキの重さの中心点です。両方の翼にコンパスの針を立てると、機体の前後の重さが一致してやじろべえのようにちょうど釣り合う点があります。それが重心です。

前述したように重心はやや機体の前寄りの位置になります。重心を前に置きたい場合は、機体の前の部分のおり重ねをふやします。重心を前に移動させるとヒコーキは墜落気味になりますが、主翼の後ろに昇降舵を付けることでバランスよく飛ぶようになります。

ただし、①のようにあまり重心が前にあると、昇降舵のひねりを大きくしなければならず、昇降舵の空気抵抗が大きくなりすぎて飛びにくくなってしまいます。③のように重心が後ろにあると失速するので、②のように重心がやや前寄りになるように調節しましょう。

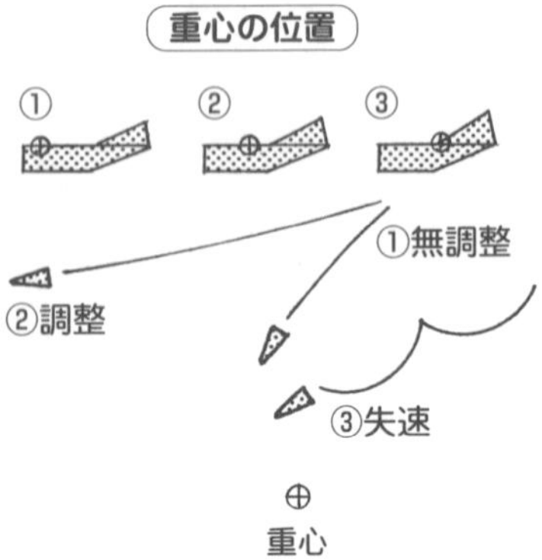

ポイント4　昇降舵《しょうこうだ》

おり紙ヒコーキは、①のように昇降舵を付けるとよく飛ぶようになります。昇降舵は、よく飛ぶヒコーキの秘訣だといえます。

しかし、②のように胴体が開き、垂直尾翼が横に開いている場合があります。こういう時のヒコーキは、垂直尾翼が昇降舵と同じ役割をするので、新たに昇降舵を付ける必要はありません。ただし、この形のヒコーキは胴体の空気抵抗が大きいので、滑空性能は劣ります。

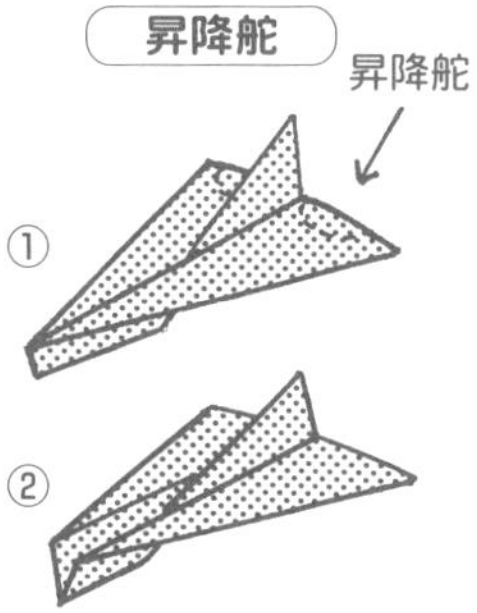

ポイント5　翼端《よくたん》の形

翼端とは、翼の先端のことです。翼端の形によって飛び方が大きく違ってきます。

飛行機は風の抵抗をスムーズに後ろに流せるように、翼や胴体の断面は流線型をしています。断面が丸い棒のようになっていると、その後ろで空気の流れが大きく乱れ、空気抵抗がとても大きくなります。

1903年世界初の動力飛行に成功したライト兄弟のフライヤー号や複葉機（ふくようき）などは、翼を固定するために柱や棒をたくさん使っていますが、柱や棒は滑空性能を非常に悪くしています。現在の飛行機では、翼の断面はほとんど流線型をしています。

図のように①と②で翼端の断面を比べてみましょう。

①のように主翼の先端が尖り、断面が棒のように丸いと、翼の後ろに強い乱気流が起こり、空気抵抗がとても大きくなります。時として、同じ紙厚の翼の10倍近くにもなることが科学的に実証されています。おりを調節して、②のように翼の先端は尖らさず、幅を持たせるようにしましょう。

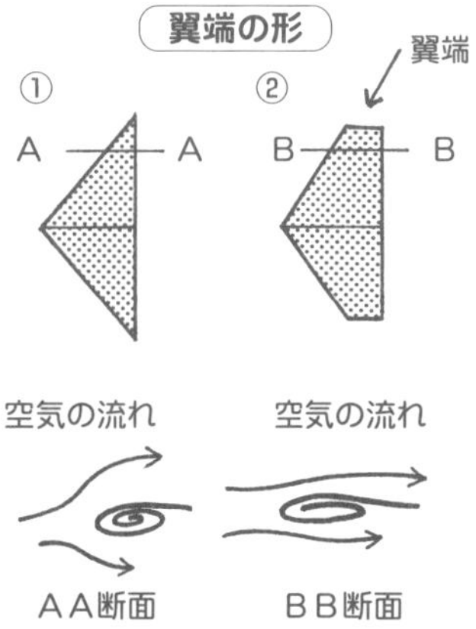

ポイント6　垂直尾翼の形

　図は、ヒコーキを真横から見た形です。垂直尾翼は大きく分けると①～③の形になります。①は垂直尾翼が独立したもので、本物の飛行機のような理想的な形。②は翼の下が垂直尾翼になっている形。③は主翼の両端を立てて垂直尾翼にしたもの。

　①の形が一番よいように思えますが、おり紙ヒコーキでは必ずしもそうではないのです。①は思いきり投げ上げた場合、強い風を受けると宙返りしやすくなります。垂直尾翼が上向きなので、昇降舵と同じ役割を果たしてしまうからです。その点、②と③は見栄えは悪いですが宙返りをせず、よく飛ぶ傾向にあります。特に③は下向きのボディと上向きの垂直尾翼が同じ幅で付いており、翼の上下にかかる力が相殺（そうさい）されて飛行が非常に安定します。

垂直尾翼の形

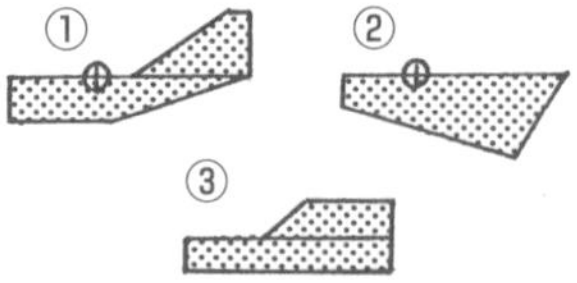

ポイント7　主翼の断面の形❶

　主翼の断面の形も、ヒコーキの飛び方に大きな影響を与えます。主翼をAAで切った断面を①～④に表します。おっただけの状態が①、後ろに昇降舵を付けたのが②です。

　おり紙ヒコーキの翼は、普通は②の形で飛ばしています。しかし、できれば③のような形が望ましいのです。ヒコーキが滑空している時に翼が受ける空気の流れは、下図左のようになります。③のように翼の先端が少し下がった形は、空気の流れを逆らわず抑えることができるので、翼の上側に空気の薄い部分ができやすく、揚力（上向きの上昇力）が得やすいのです。翼の形として一番理想的です。翼のおり方を工夫して、③のような形になるようにしましょう。ただし、図ではわかりやすくするために大きな角度で表現しましたが、実際は3°程度のわずかな角度です。

　翼の先が少し上がっている④は、③より空気の薄い部分が多くできますが、乱気流ができるため揚力が得られにくくなります。性能が落ちるので、おった時に先端が反りあがっている場合は、定規などで直しましょう。

主翼の断面の形❶

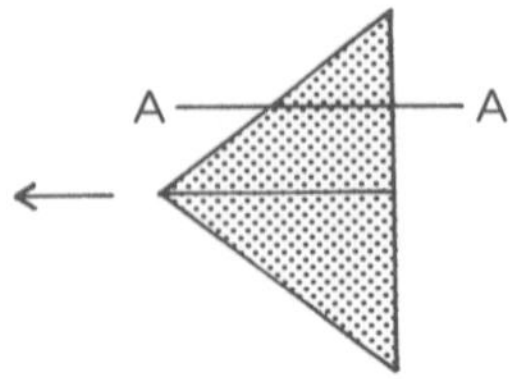

AA断面

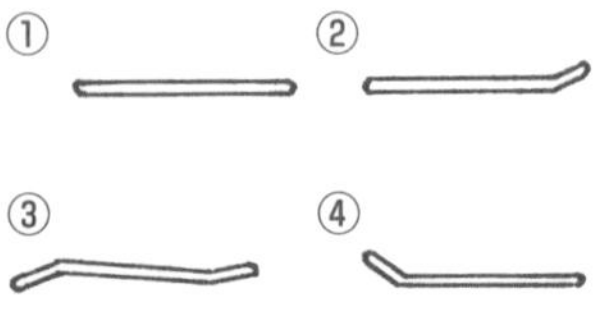

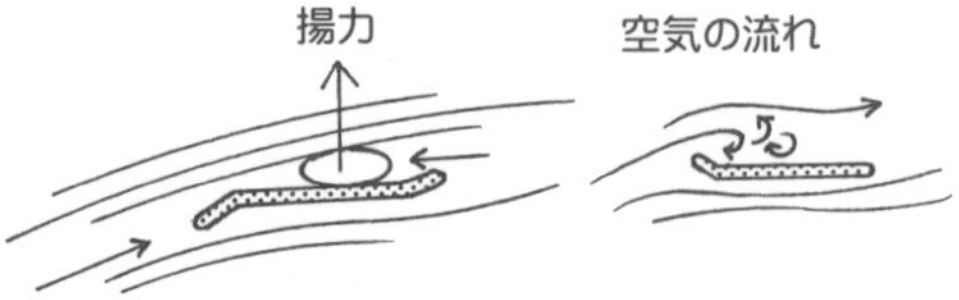

ポイント8　主翼の断面の形❷

おり紙ヒコーキは、主翼を何重にもおり重ねてつくります。そのため、①のように先端におり重なりが多い部分があると、それが垂れ下がっているものがあります。おり重なりが垂れ下がっていると空気抵抗が大きいので、②のようにテープでとめるか、③のように先端を「く」の字にわずかに曲げて直すとよいでしょう。

④のように翼の上側におり重なりがあると、上側に乱気流が起きて滑空性能が悪くなってしまいます。ヒコーキは翼の上側に空気の薄い部分ができるため、上に吸い上げられるようにして飛行します。翼の上は空気がスムーズに流れれば流れるほどよいので、流れを乱すような上面のおり重なりは避けましょう。

主翼の断面の形❷

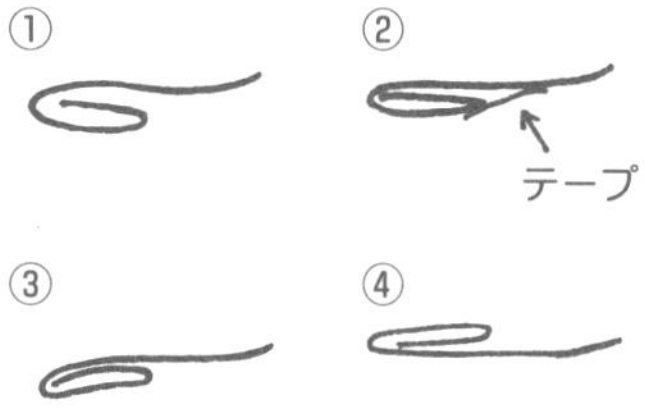

ポイント9　補助翼《ほじょよく》と水平尾翼《すいへいびよく》

本物の飛行機には補助翼や水平尾翼がありますが、おり紙ヒコーキも同じように補助翼や水平尾翼を持つ種類があります。自分で工夫しておってみてもよいでしょう。

本物の飛行機では、前から見ると主翼と補助翼・水平尾翼が高さを違えて取り付けられているので、機体の安定に大きく役立っています。しかしおり紙ヒコーキの場合、補助翼や水平尾翼は主翼と同じ高さ（同一面上）にあるので、大きな効果が得られにくいのです。

そこで、補助翼や水平尾翼は図のように下向きに10～20度曲げて、主翼と角度差を付けると効果が得られやすくなります。

補助翼と水平尾翼

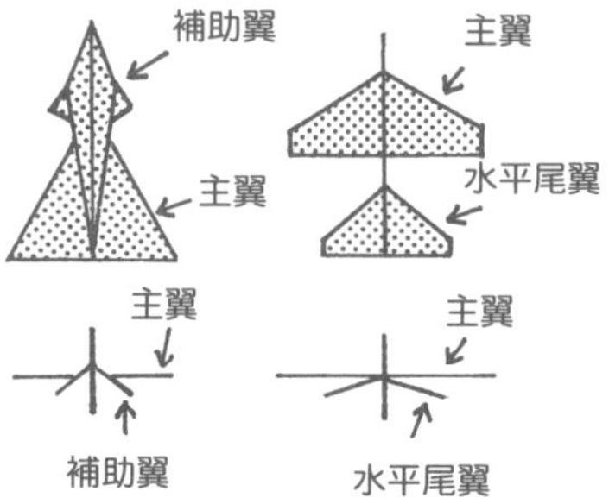

ポイント10　翼《つばさ》の角度

翼の角度を図に示します。①が下向き〔下反角（かはんかく）〕、②が水平、③が上向き〔上反角（じょうはんかく）〕です。翼の角度については、一般的には②のような水平のものがよいと考えられています。しかし、やり型ヒコーキのような三角翼のもので垂直尾翼が上にある型は、①のような下反角の翼の方が滑空性能が上がる場合が多いのです。明確な垂直尾翼がない型では、手を離れる前まではAのようにしておき、手を離れた後はBのように少し開いて翼がちょうど水平になるのがよいのです。紙ヒコーキの上反角は機体がローリング（横揺れ）を起こした時に元にもどろうとする力が働く（上反角効果）ので安定性はよくなりますが、滑空性能はいくらか劣ります。あまり大きな上反角は避けましょう。

翼の角度

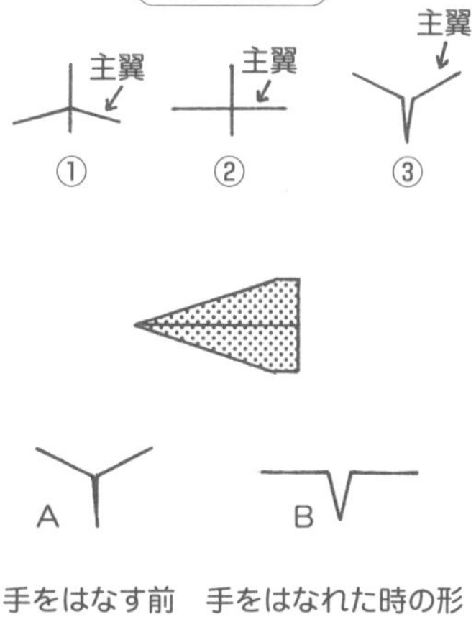

飛ばし方……Bタイプ

1 つばめ

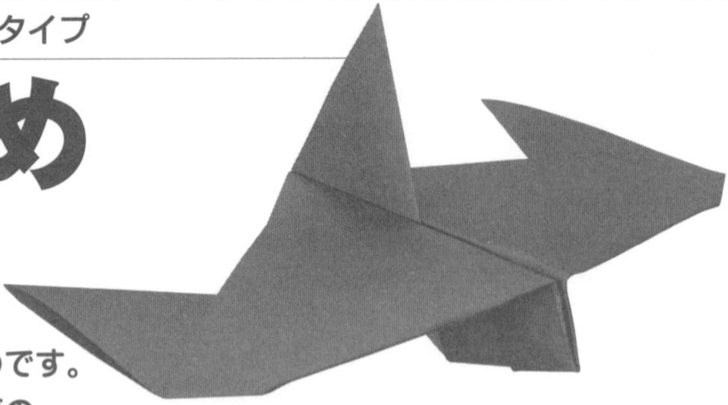

つばめをイメージした
おり紙ヒコーキの中では
一番かんたんにおれるものです。
子どものころにつばめは南の
国から来ると聞かされていましたが、どこなんでしょうね。
私の本業の金属部品製造会社のあるフィリピン、タイでは
まったく見ません。最近は日本でも少なくなっているので、
もっと住み心地のよい所が見つかったのでしょうか。
気になります。「お～い、つばめよ～」という気持ちで
飛ばしてください。

1

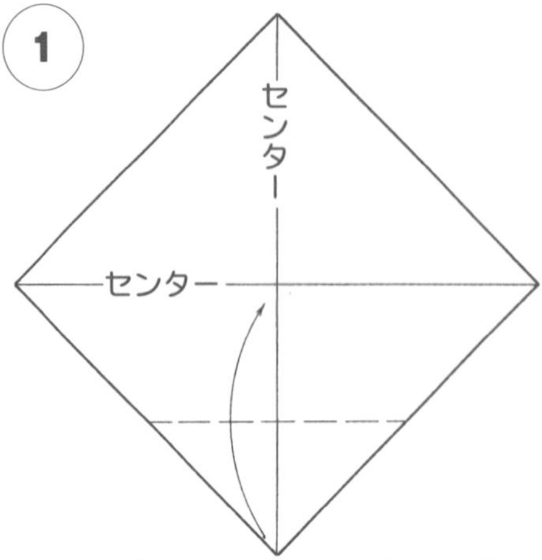

（センターにおり目をつけておく）

2

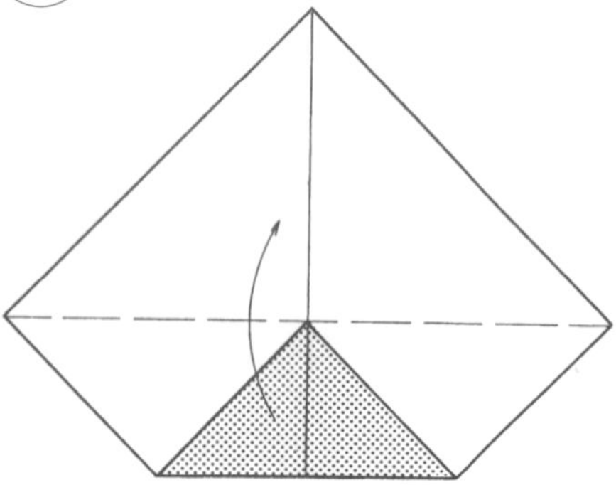

3 印に合わせておる。

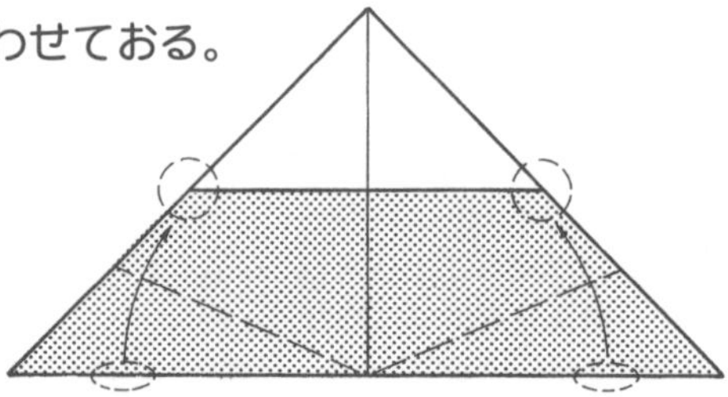

4 印に合わせておる。

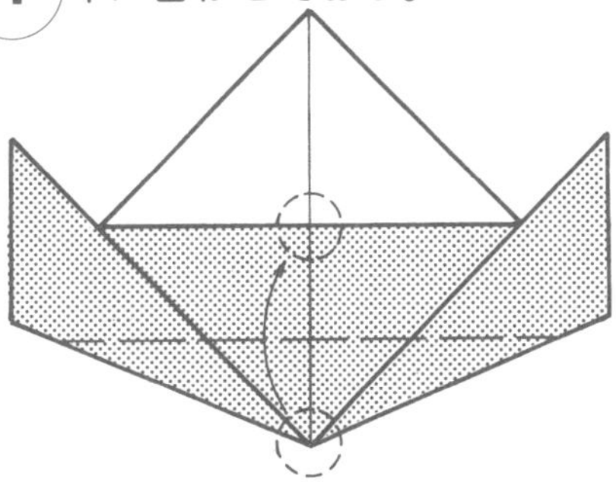

5 もどす。

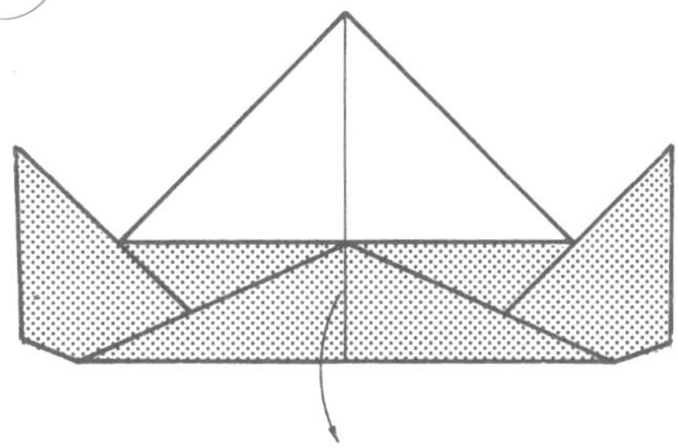

6

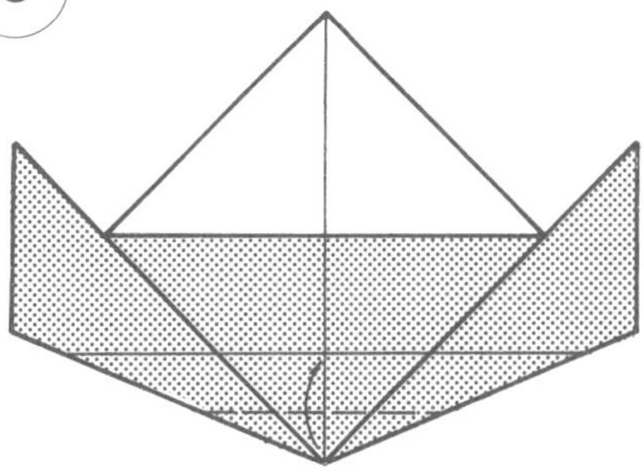

7

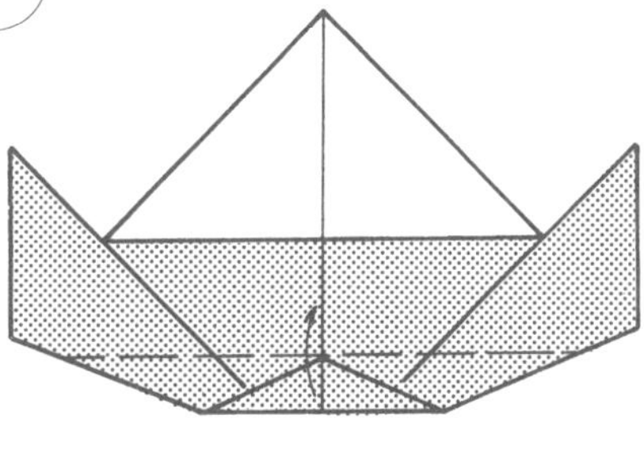

8 半分におる。

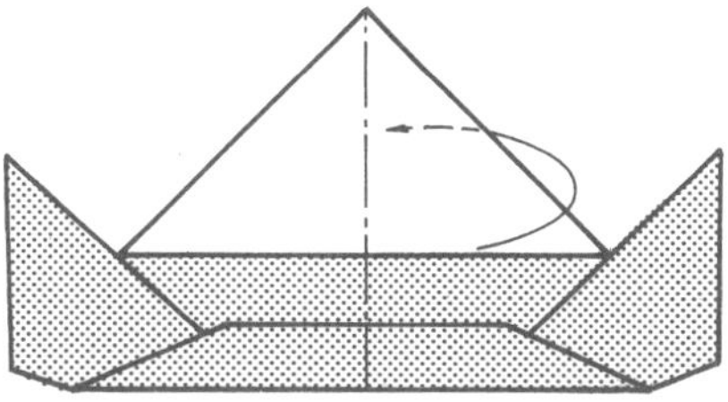

9 印に合わせておる。

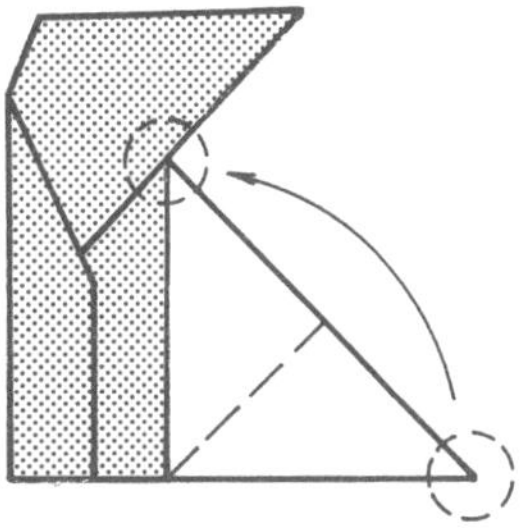

10 もどす。

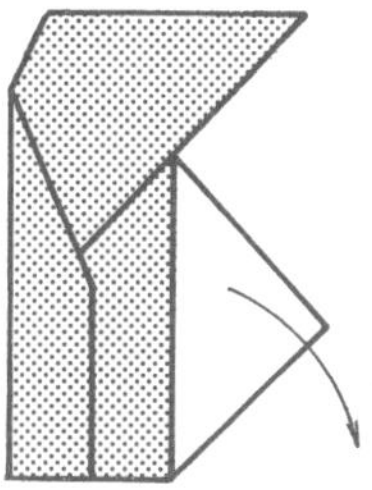

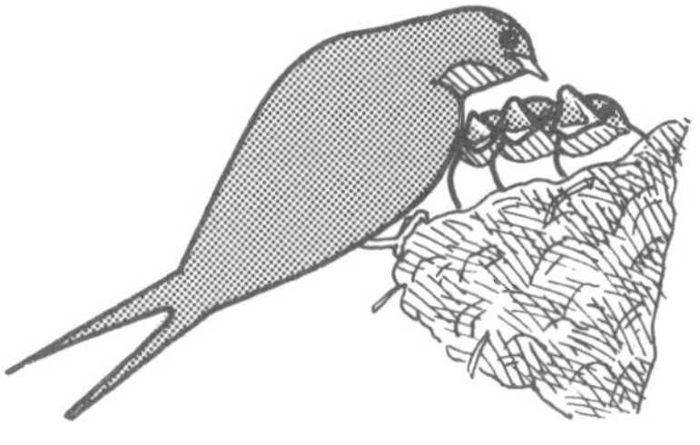

11 中わりおり（p８参照）。

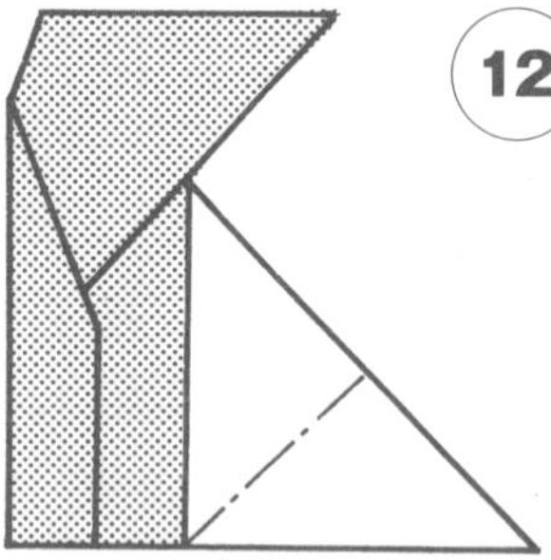

12 途中図。

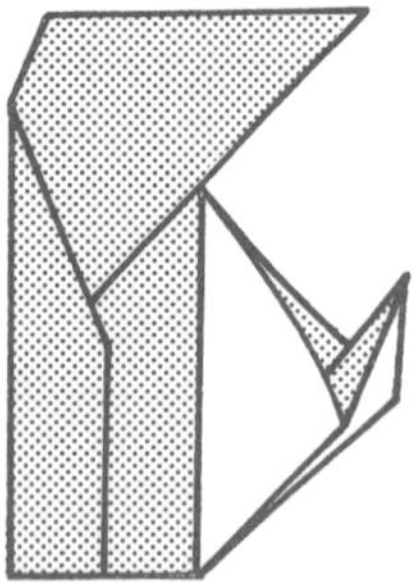

13

図の位置で翼をおる。
反対がわも同様に。

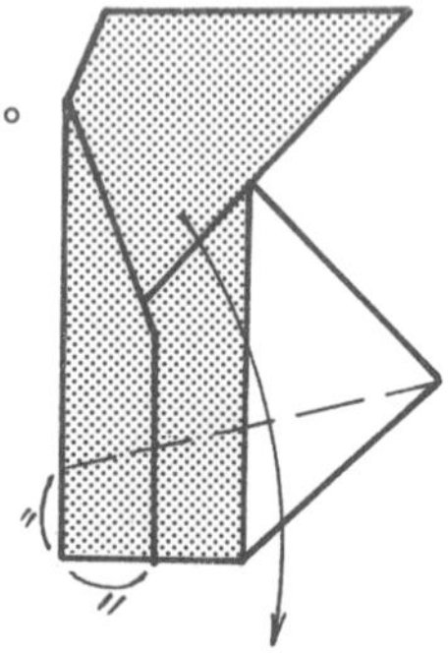

14 ３面図のように開く。

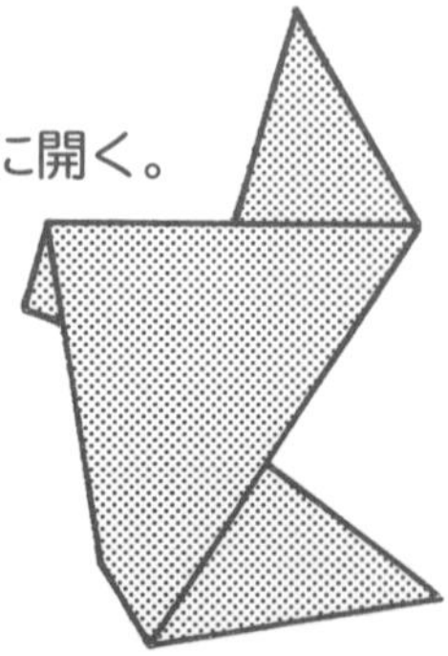

おれたらチェック！　つばめ3面図

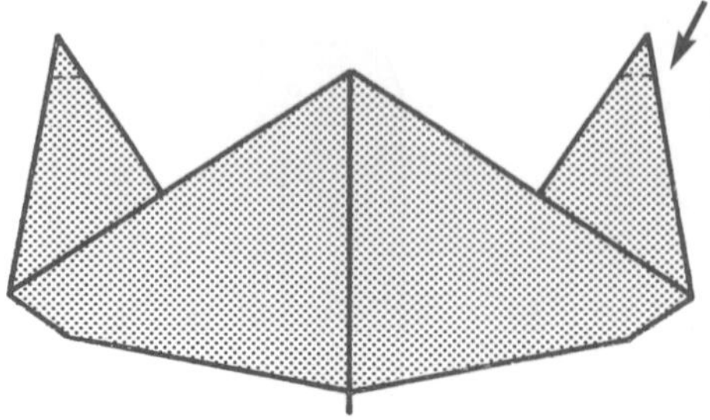

昇降舵線
この線で
少し上にひねる

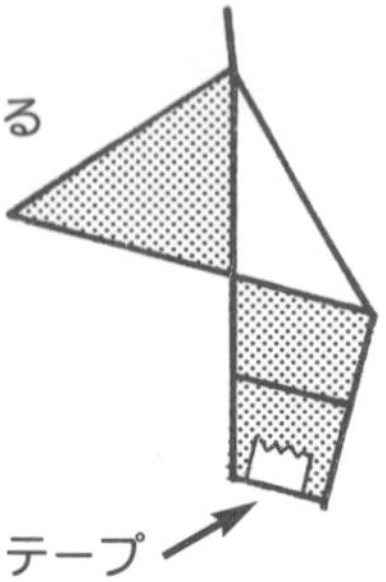

テープ

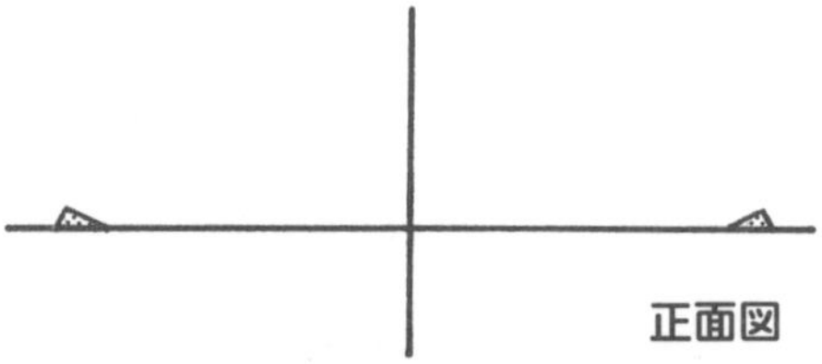

正面図

飛ばし方……Bタイプ

2 木の葉

文字どおりなんの変哲もない葉っぱのようなおり紙ヒコーキです。
そういえば、アオギリという
木の種は葉っぱのような形でした。
紙ヒコーキのように空中を飛び、
親の木から遠くへ飛んだもの
だけが木として育つのです。
自然界の紙ヒコーキ競争は生死を
かけた飛行なのです。
うすい紙でおってそっと飛ばすと、
ゆっくりと滑空してくれます。

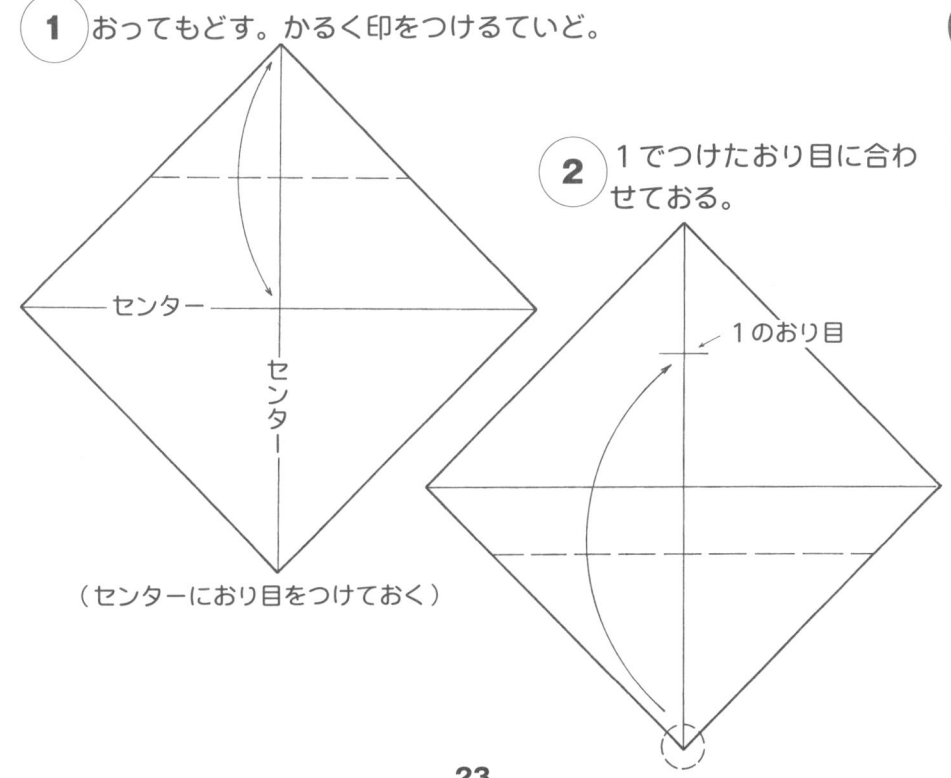

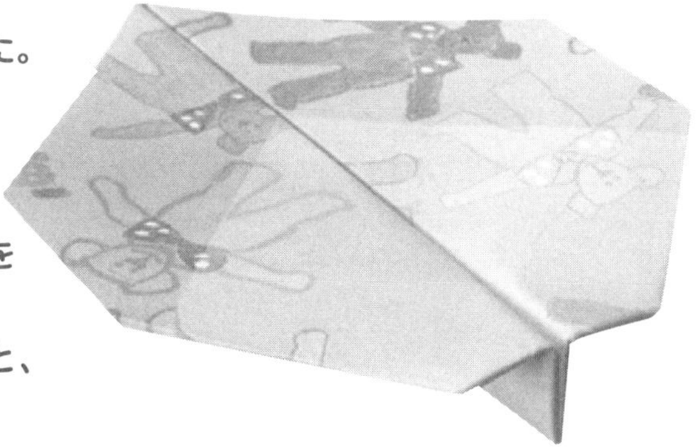

1 おってもどす。かるく印をつけるていど。

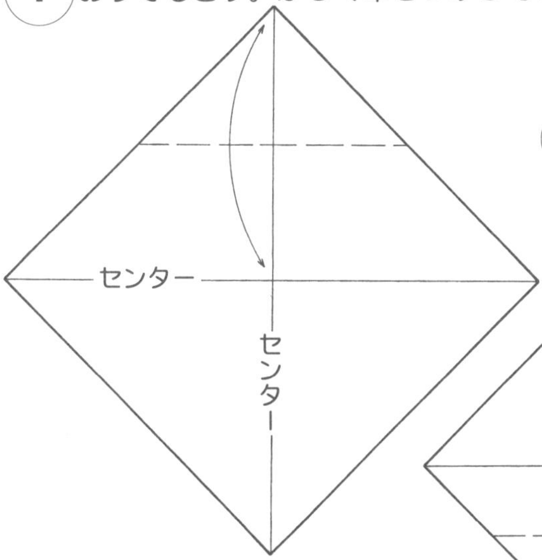

（センターにおり目をつけておく）

2 1でつけたおり目に合わせておる。

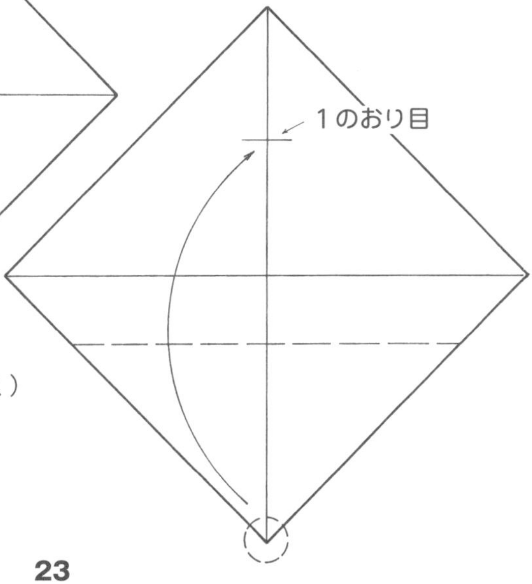

3 印に合わせておる。

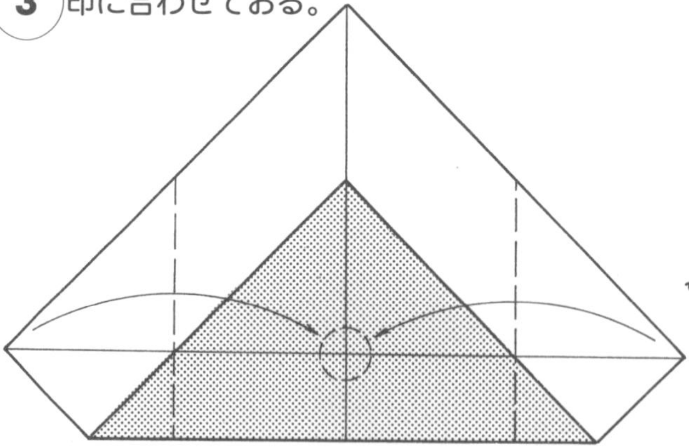

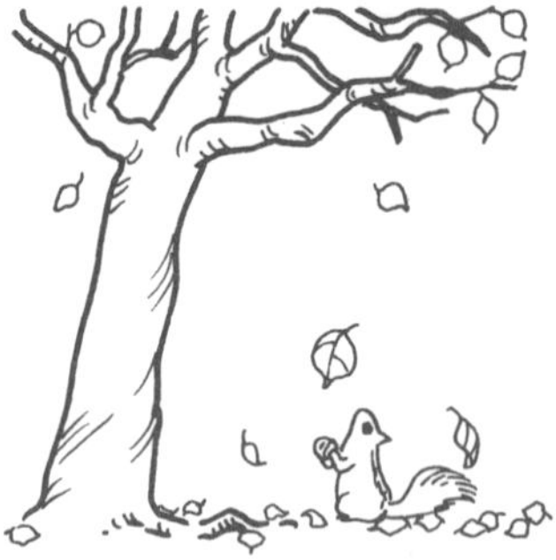

4

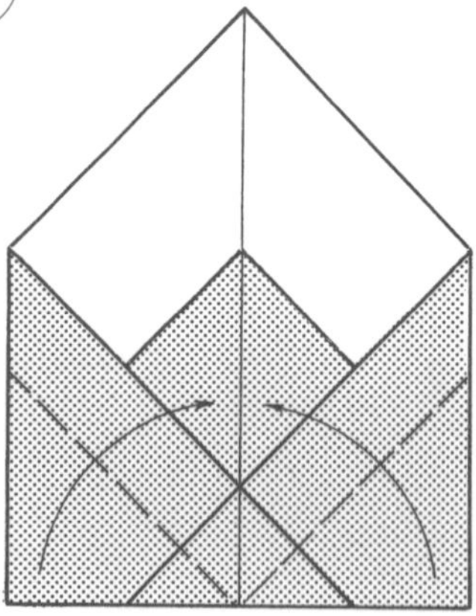

5 印に合わせておる。

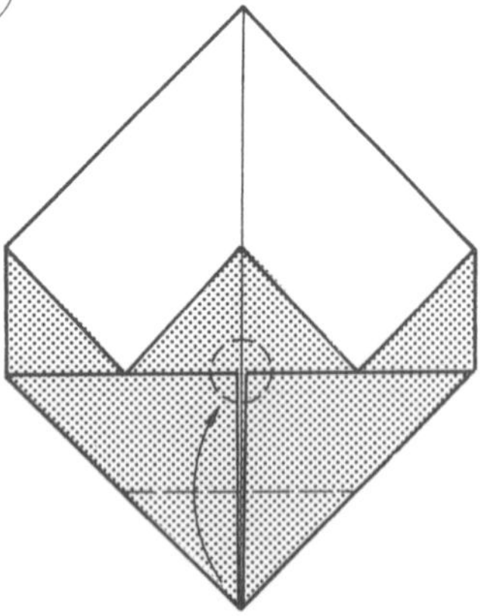

6 半分におる。

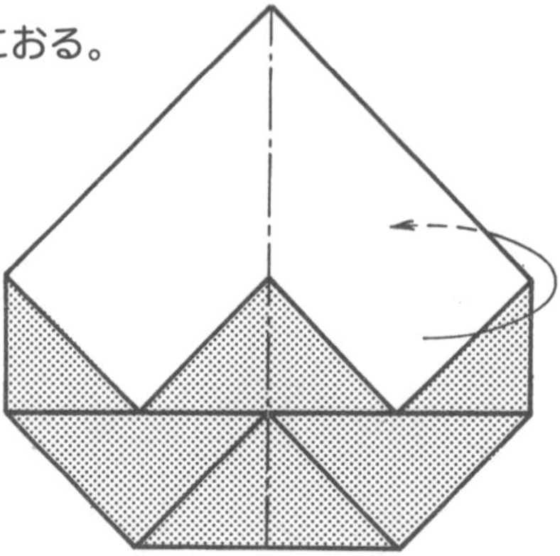

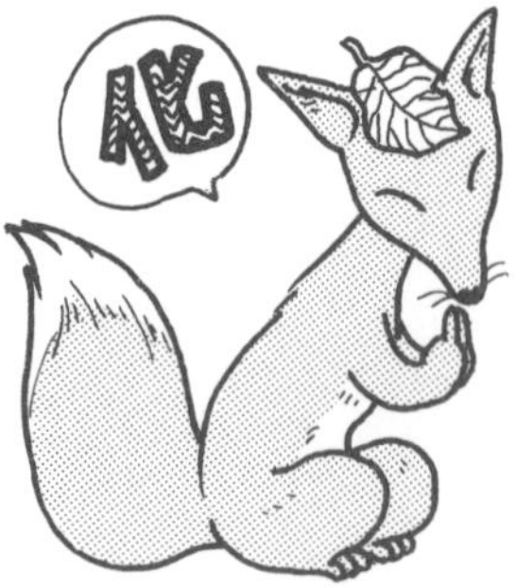

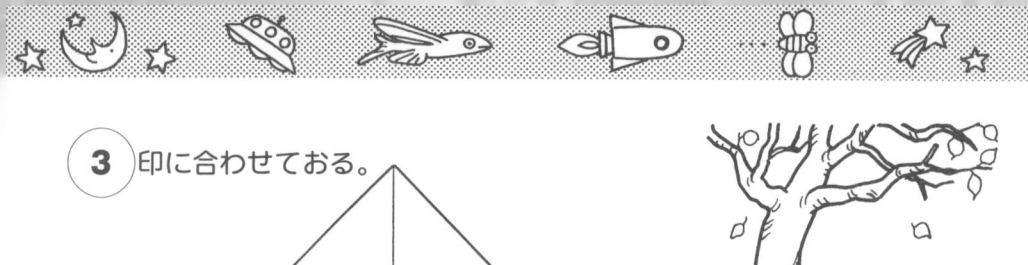

7 同じはばで翼をおる。反対がわも同様に。

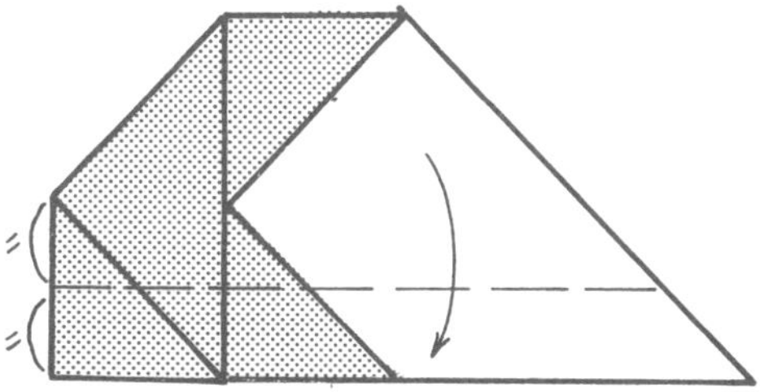

8 3面図のように開く。

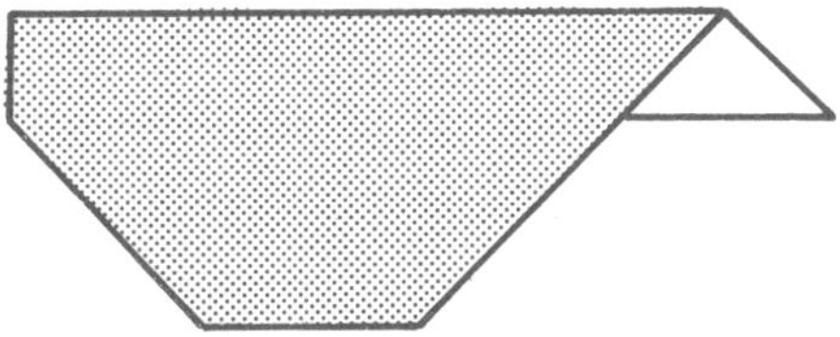

おれたらチェック！ 木の葉3面図

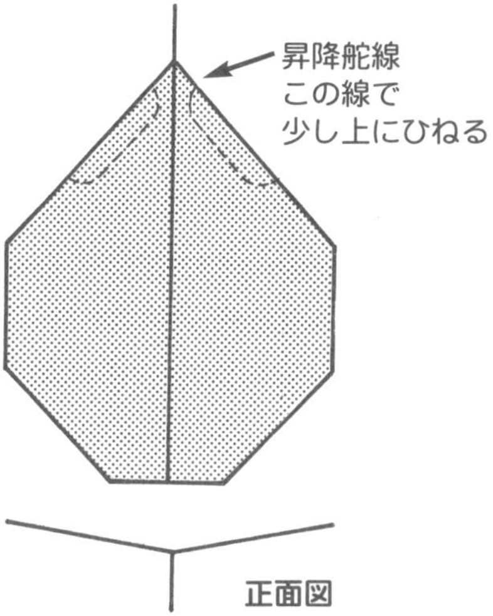
昇降舵線
この線で
少し上にひねる
正面図

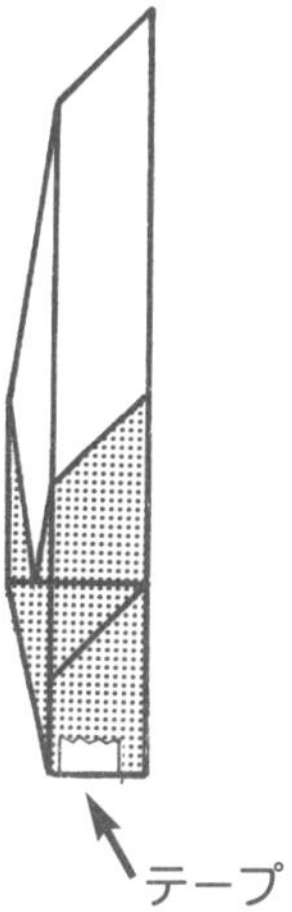
テープ

Check!

飛ばし方……Bタイプ

3 メカファイター

アニメで見たキャラクターをイメージしてみました。機械的な形でおもしろいけれど、航空学的には「？」です。でも飛びます。私個人としては、飛びそうもない形のものが飛んだ時の方がうれしいですね。
現在、もっとちがう形のロボットタイプの作品を試作中です。
屋外で、思いっきり上に投げて飛ばしましょう。

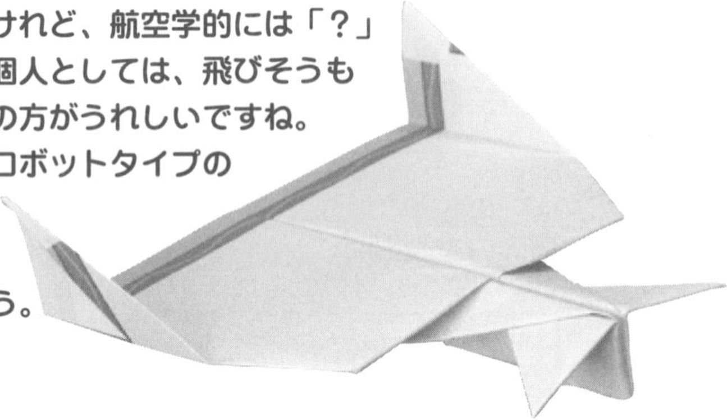

1

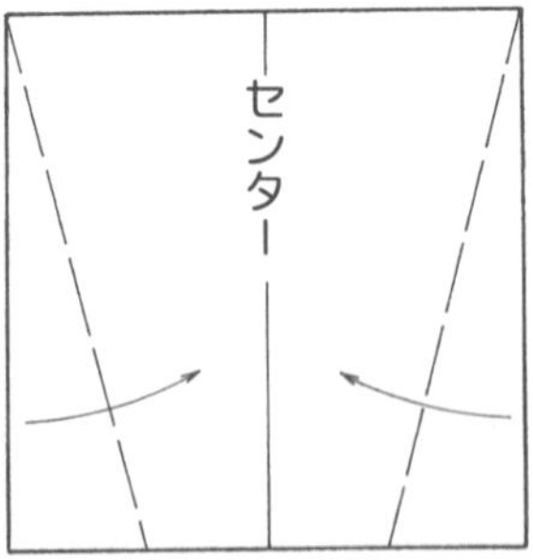

（センターにおり目をつけておく）

2

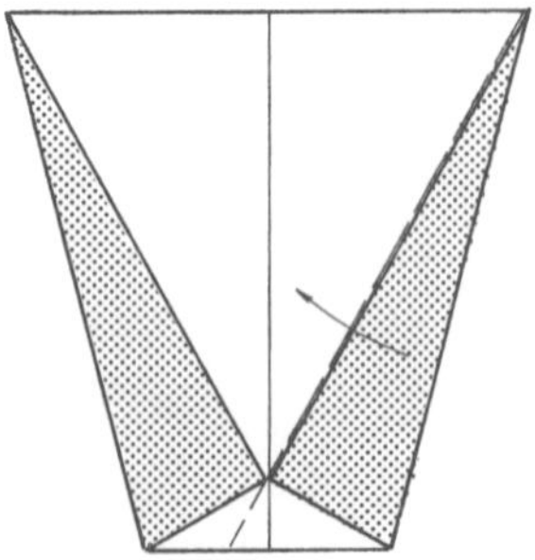

3 4を参考におる。

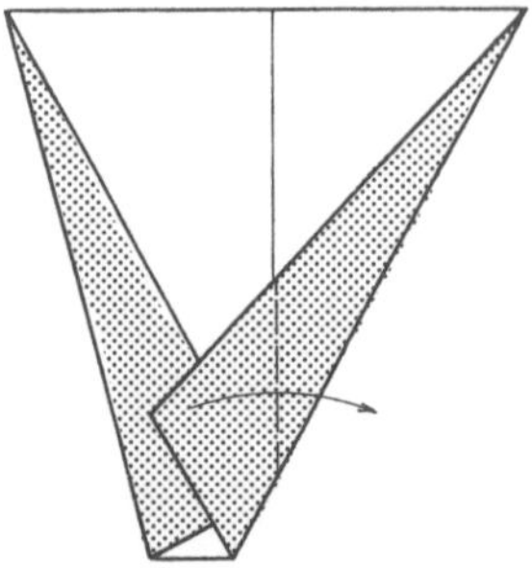

4 3のおり目で広げながら、ここをおる。

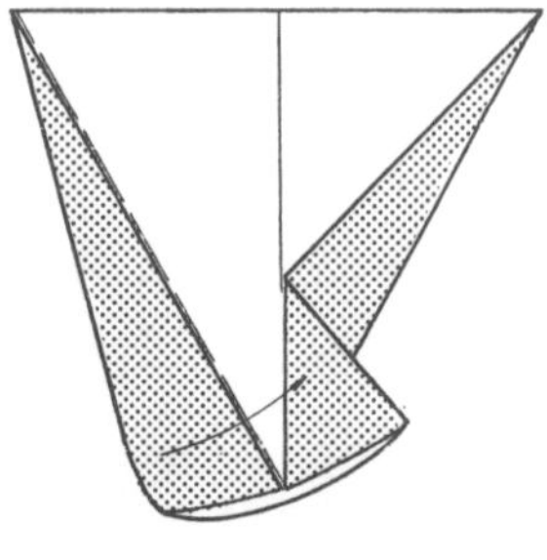

5 上の紙だけおる（途中図を参照）。

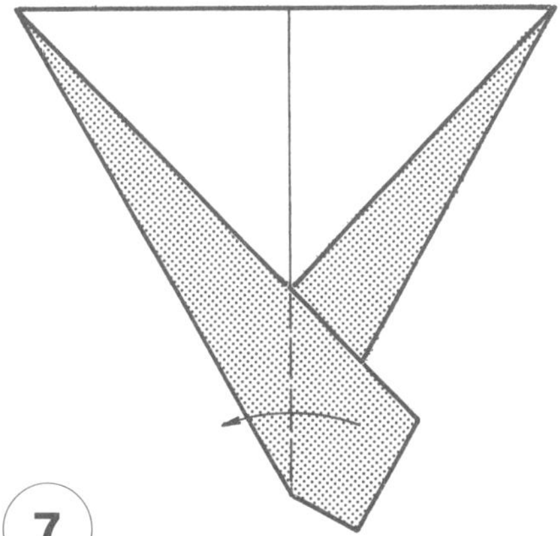

6 途中図。つぶすようにおる。

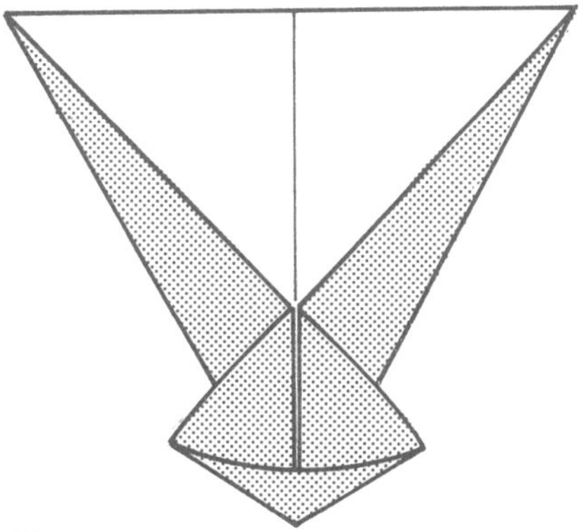

7

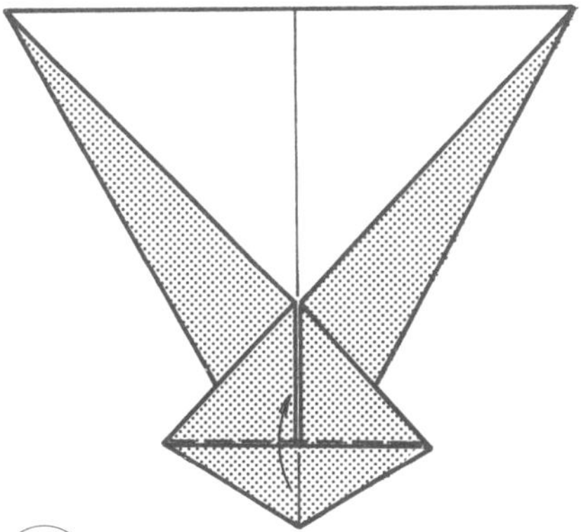

8 印に合わせておる。

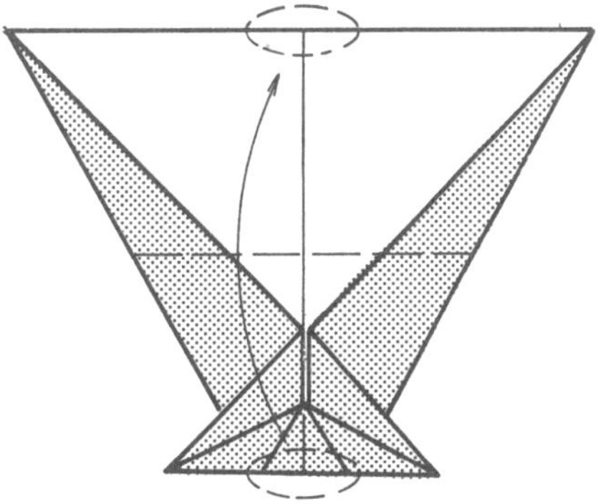

9 上の紙だけおる。

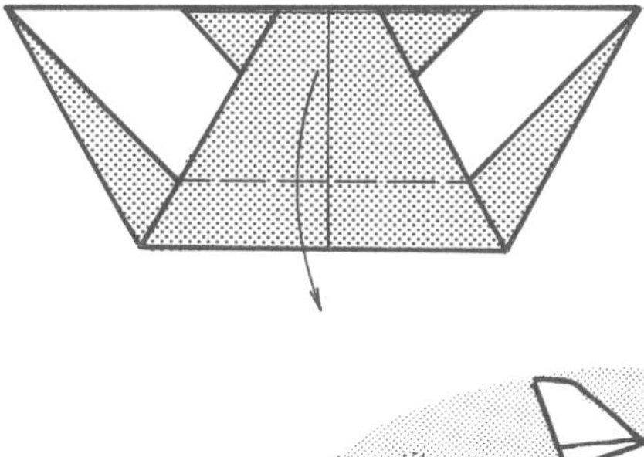

10 半分におる。

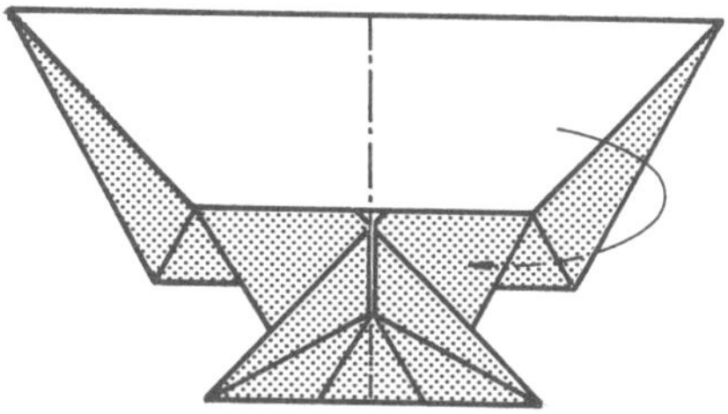

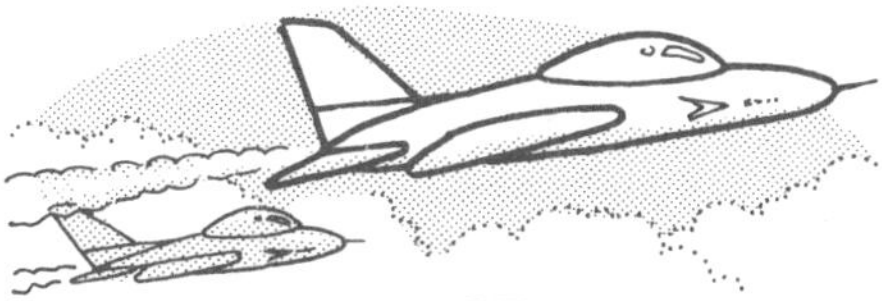

11 同じはばで翼をおる。反対がわも同様に。

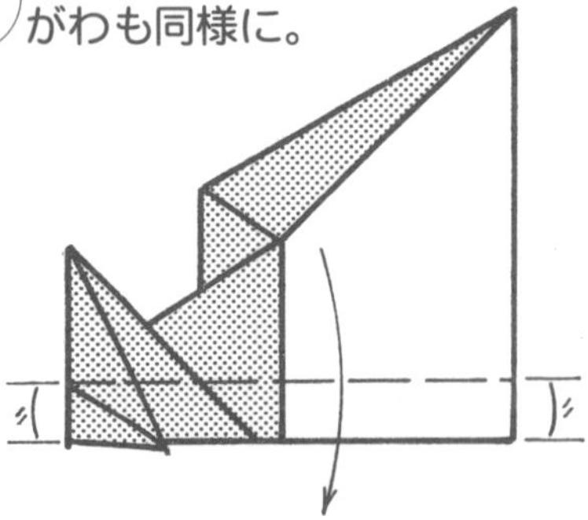

12 図の位置でおる。

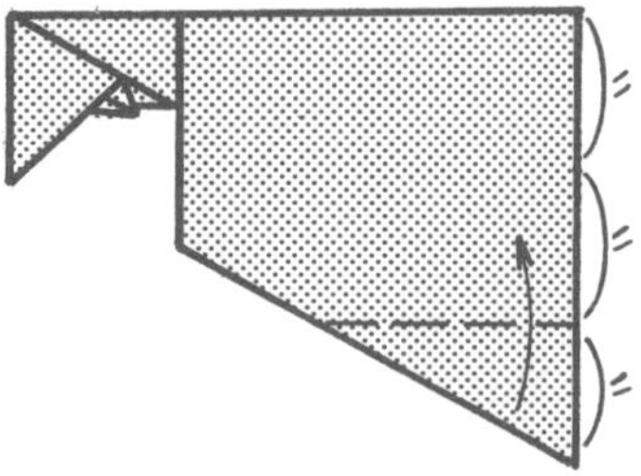

13 3面図のように開く。

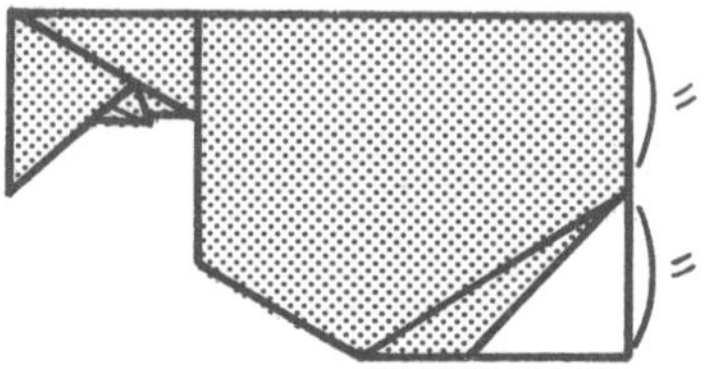

おれたらチェック！　メカファイター3面図

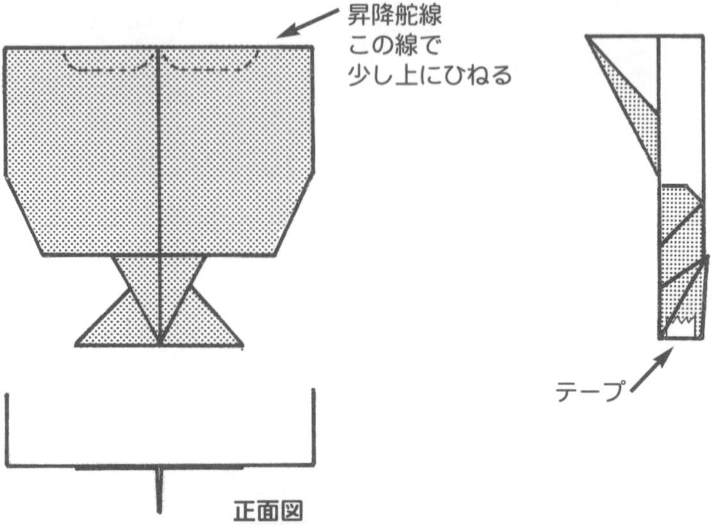
昇降舵線
この線で
少し上にひねる
テープ
正面図

飛ばし方……Bタイプ

4 クラゲッチュー

くらげ形のヒコーキです。
改めて見ると、なんだかスターウォーズにでも出てきそうな形にも見えます。「傘」と言えなくもないです。
イメージは人それぞれですね。
先端部はかなり厚めになるので、おりは少し苦労するかもしれません。
高いところからそっと飛ばしてみましょう。

1

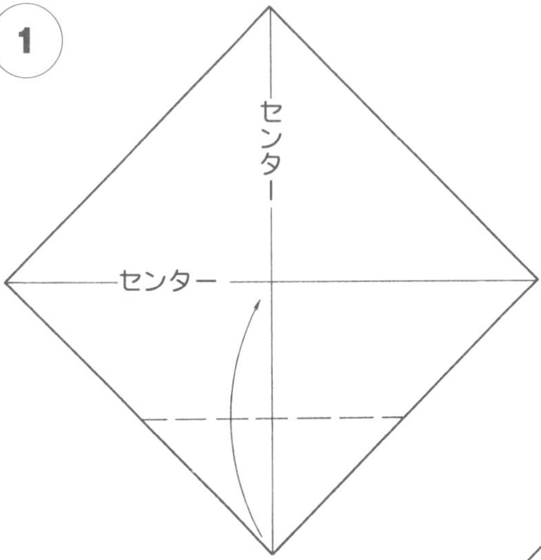

（センターにおり目をつけておく）

2

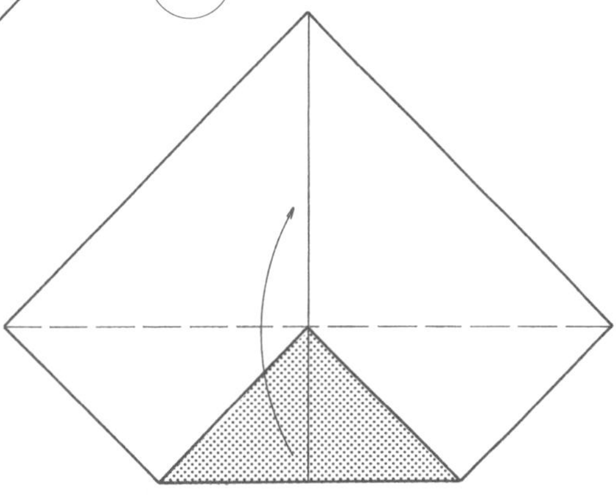

3 ①でおってもどし、そこでできたおり目に向かって②をおる。

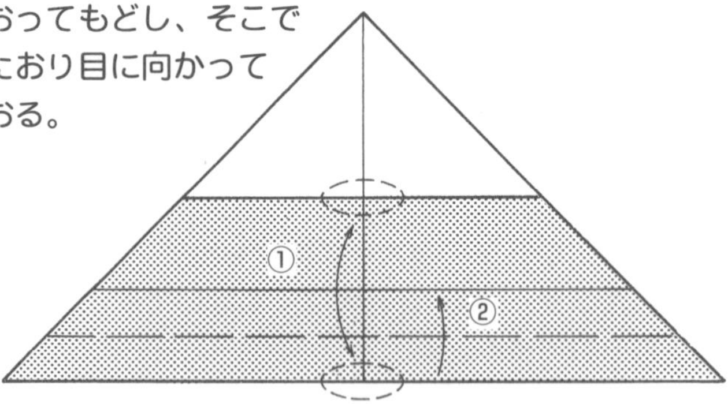

4 P点を基準に、印に合わせておる。

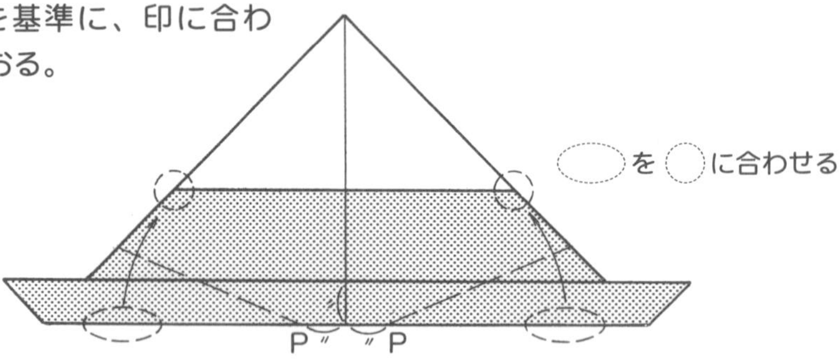

5

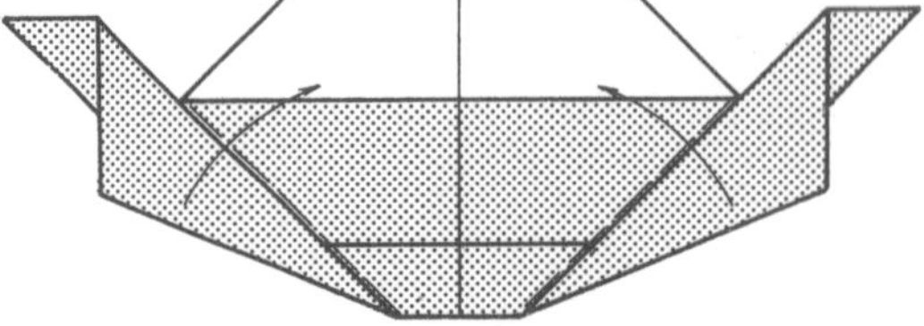

6

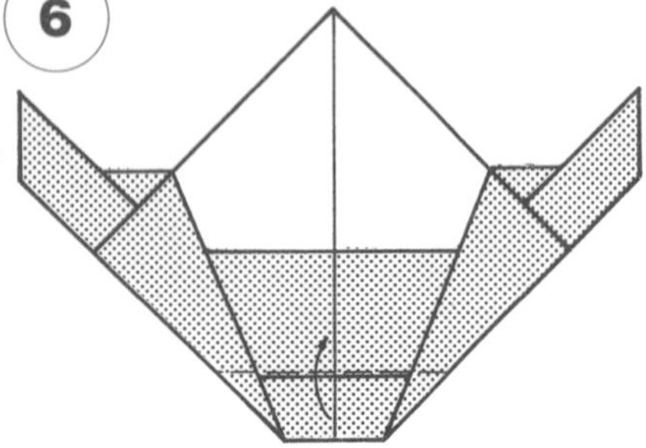

7 半分におる。

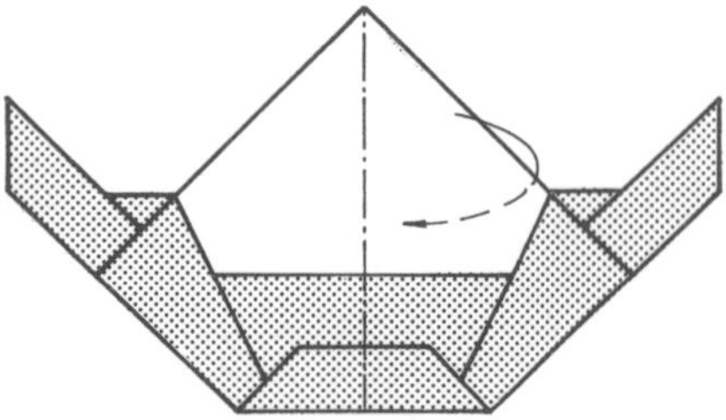

8 同じはばで翼をおる。
反対がわも同様に。

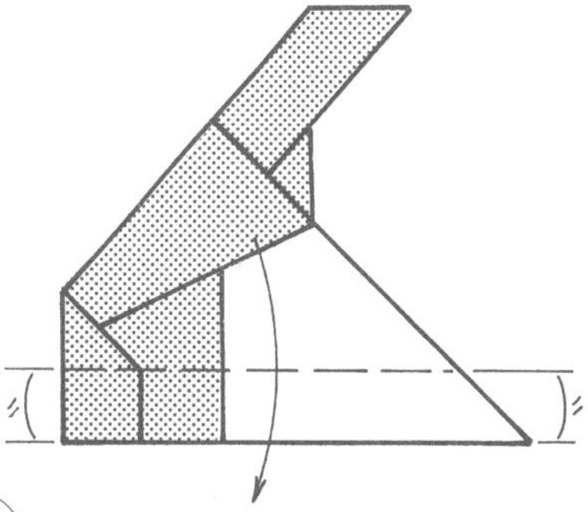

9 印に合わせておる。

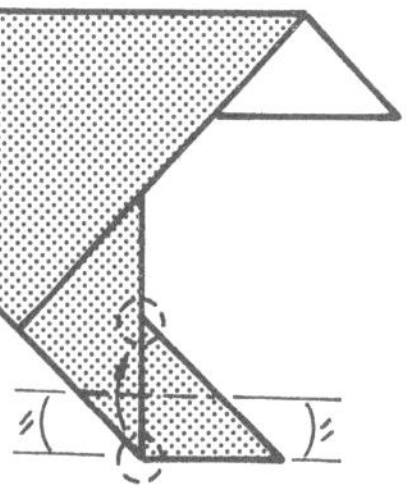

10 3面図のように開く。

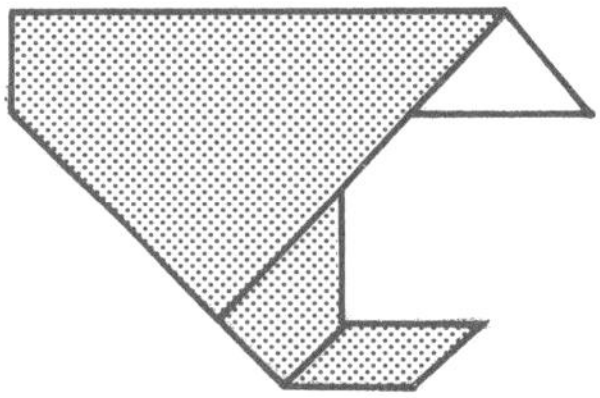

おれたらチェック！　クラゲッチュー3面図

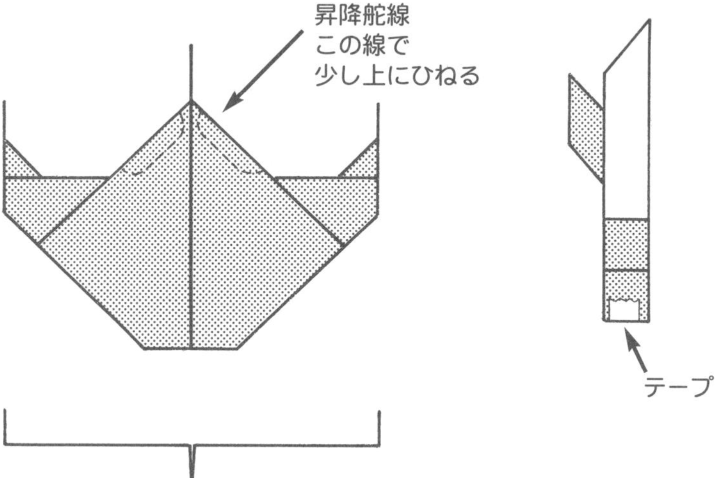

正面図

飛ばし方……Cタイプ

5 立体カメ虫

好きな人はあまりいないだろうという、あのくさいカメ虫をイメージしました。試みとして箱型の中空体にしてみました。飛ばしてみると、なんとかいけます。しかしコツが必要で、これは練習してつかんでいただくより他にありません（飛ばし方はP 14を参照）。

1

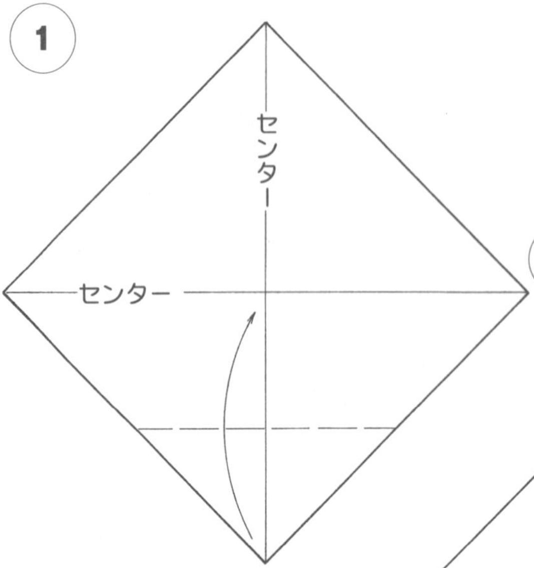

（センターにおり目をつけておく）

2 ３を参考に、1mmくらいのすき間ができるようにおる。

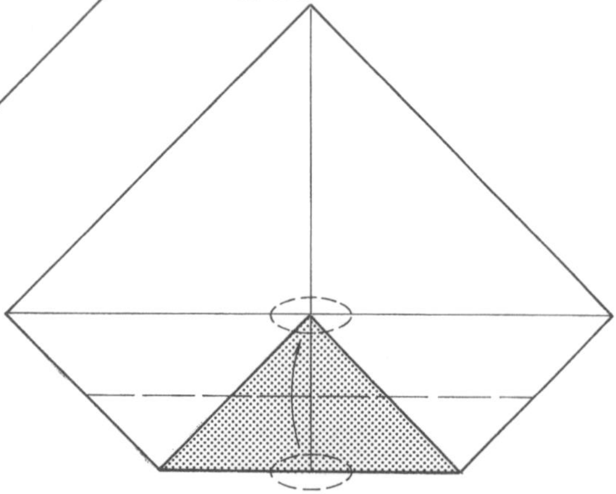

3 印に合わせておる。

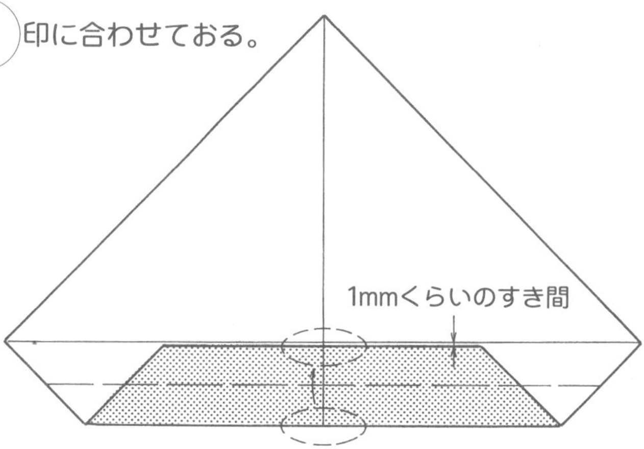

4

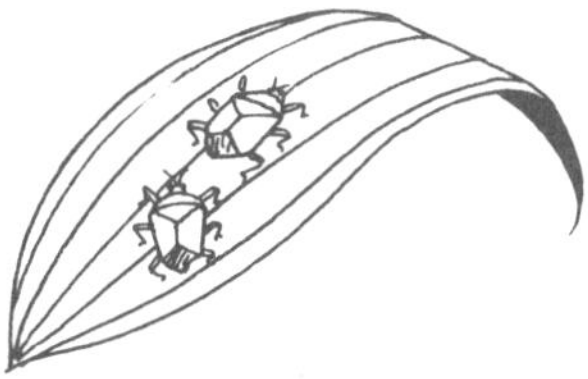

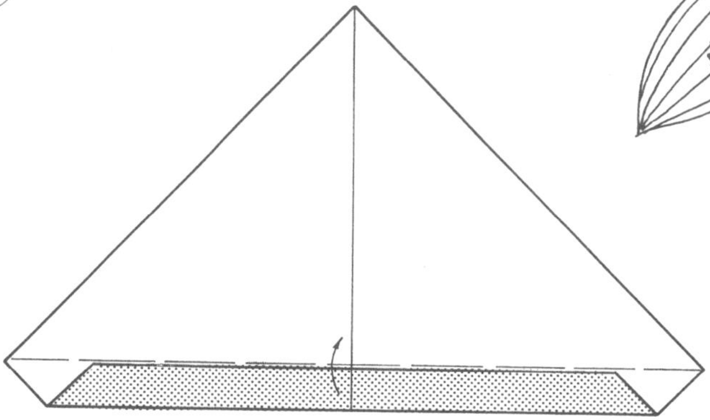

5

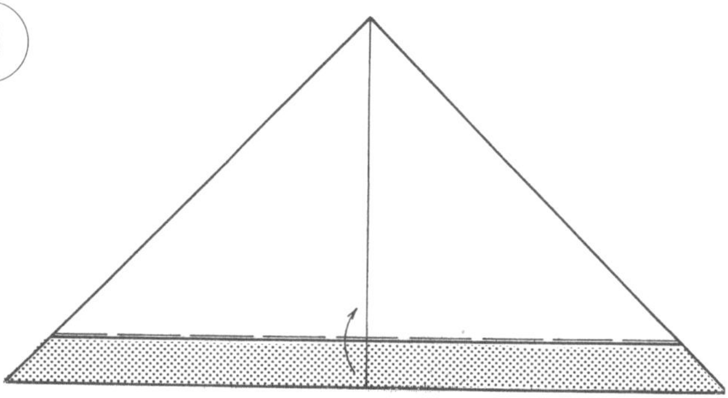

6 印に合わせておる。

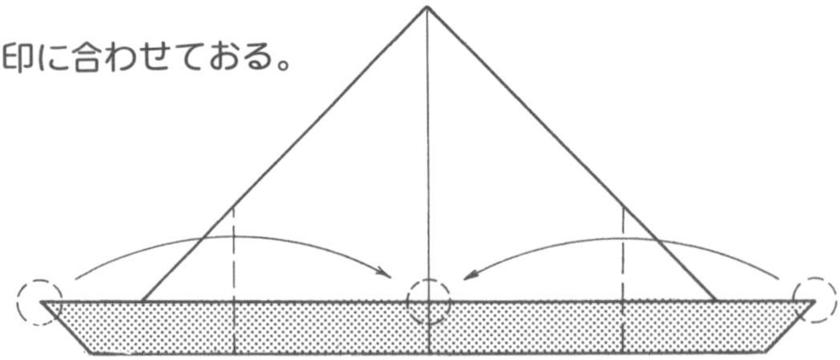

7 もどす。

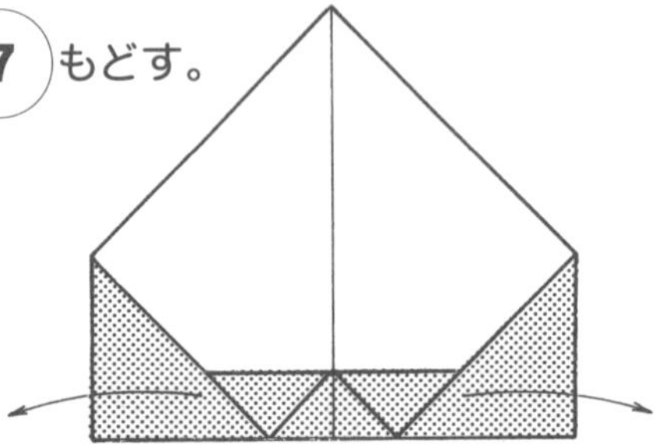

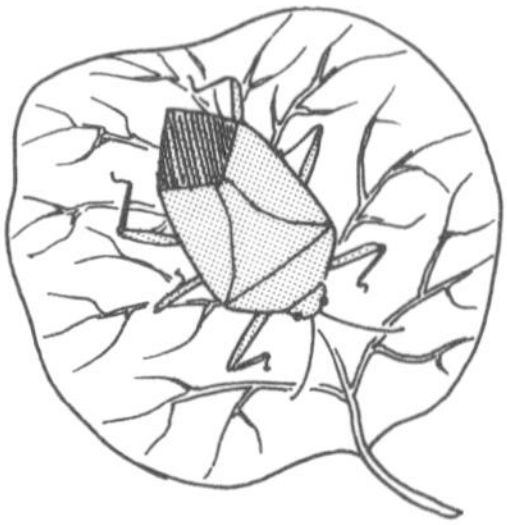

8 印に合わせておる。

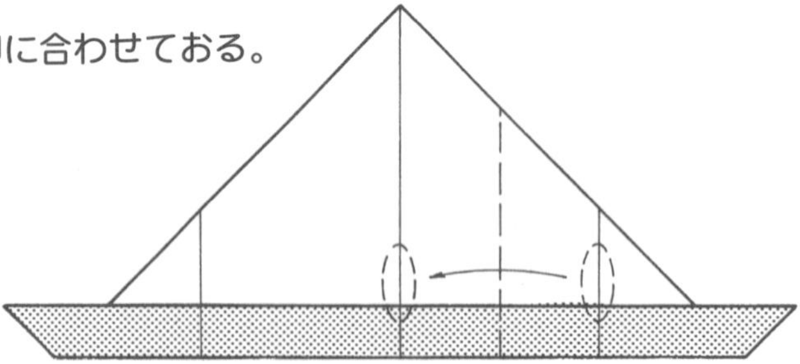

9 もどす。

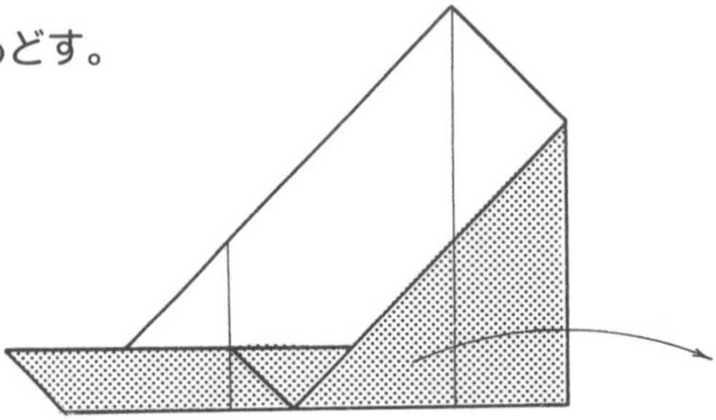

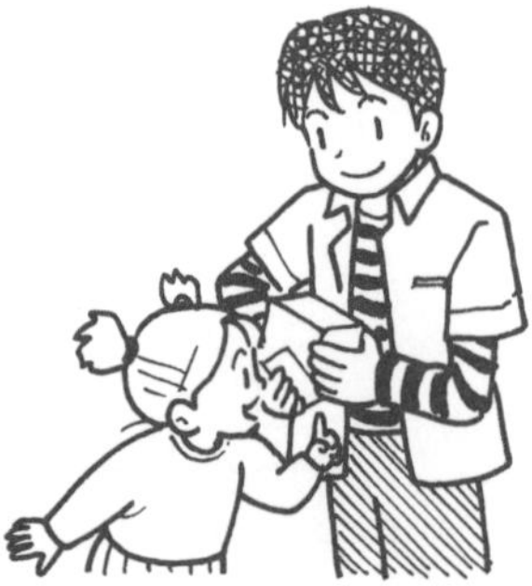

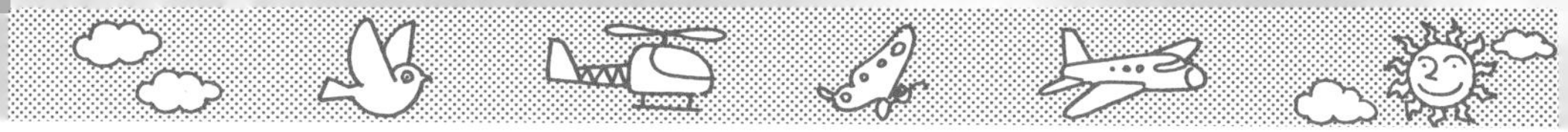

10 左がわにも同様なおりを入れる。

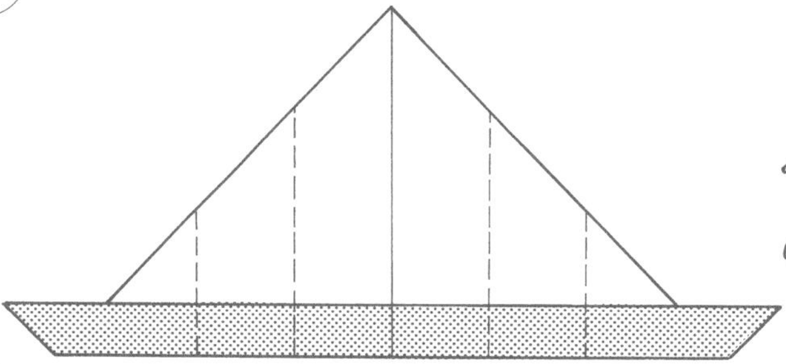

11 両端を中央にさしこむ。

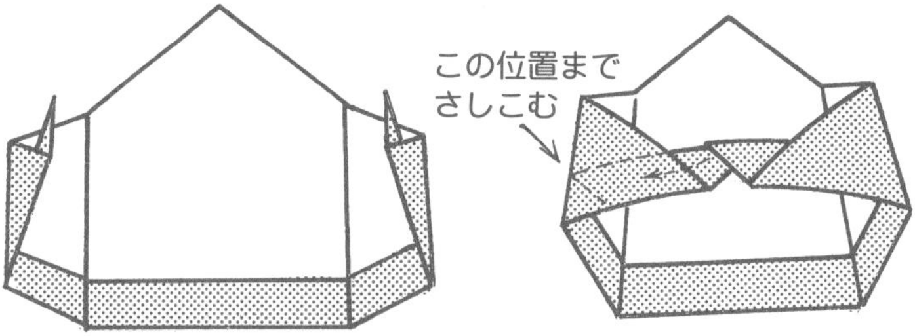
この位置まで
さしこむ

おれたらチェック！　立体カメ虫3面図

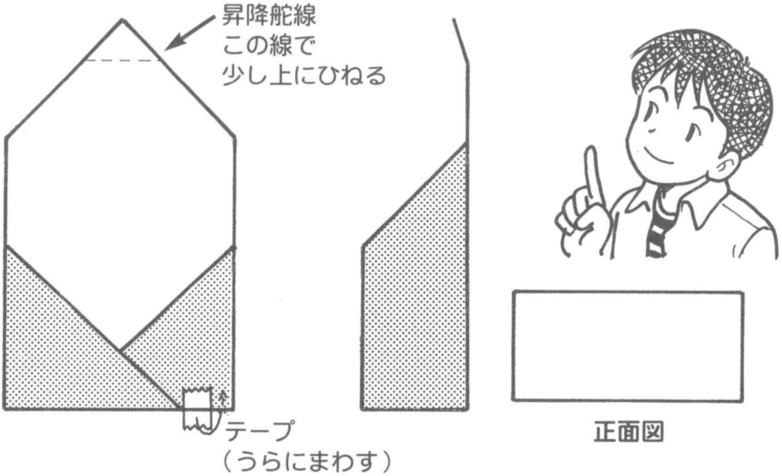
昇降舵線
この線で
少し上にひねる
テープ
（うらにまわす）
正面図

飛ばし方……Bタイプ

6 おり鶴号

この機は中村榮志郎氏の「飛行鶴」を私流に改造してみました。親しみのある鶴のヒコーキとしては、わりにおりやすく飛ばしやすいものです。翼をもっと横に大きく広げたかったのですが、首部の風の抵抗で安定度が失われるため、この形にしました。ハイレベルな飛行性能とはいきませんが、遠いシベリアの空から舞い降りてくる鶴そのままに華麗に滑空します。白い紙でおって、目や羽根を描いてやるのもおもしろいでしょう。

1

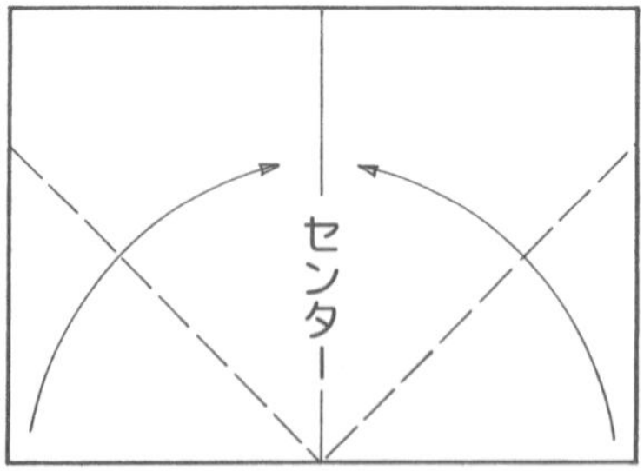

（センターにおり目をつけておく）

2 半分におる。

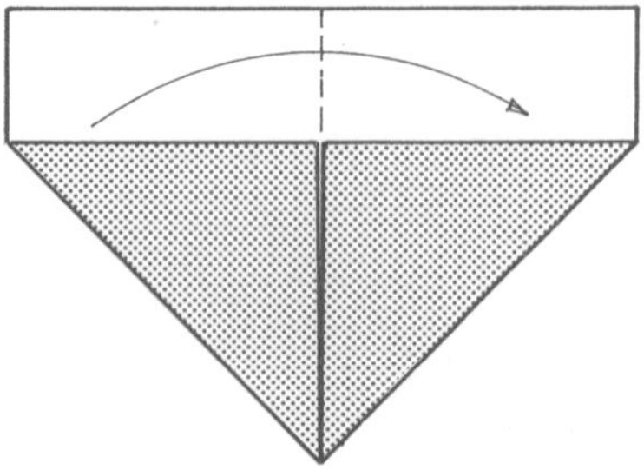

3 印に合わせておる。

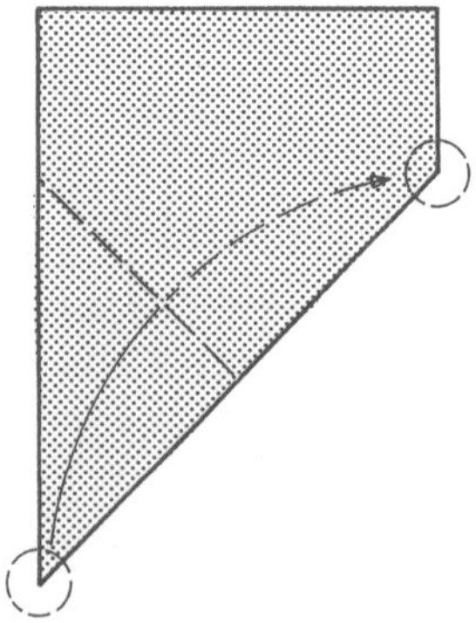

4 もどす。

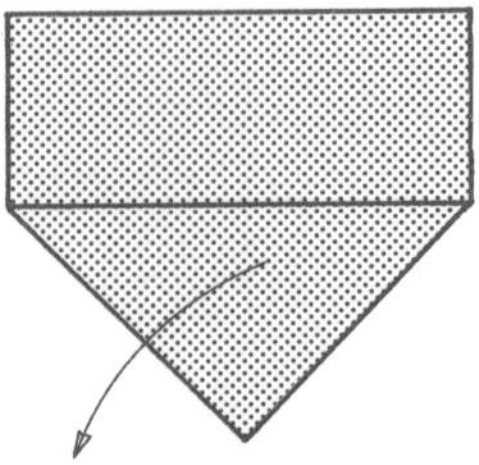

5 中わりおり（p8参照）。

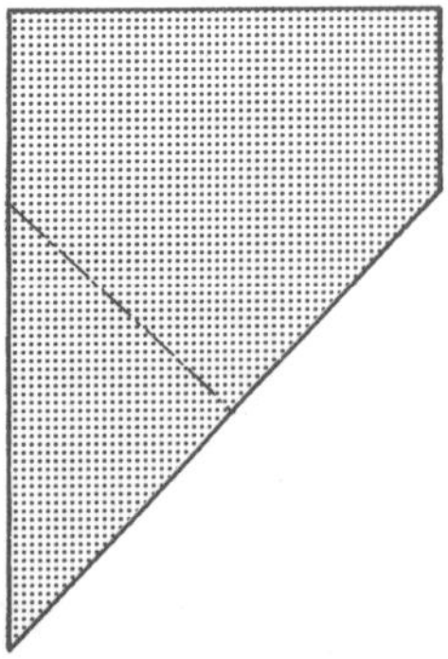

6 印に合わせて上の紙だけおる。

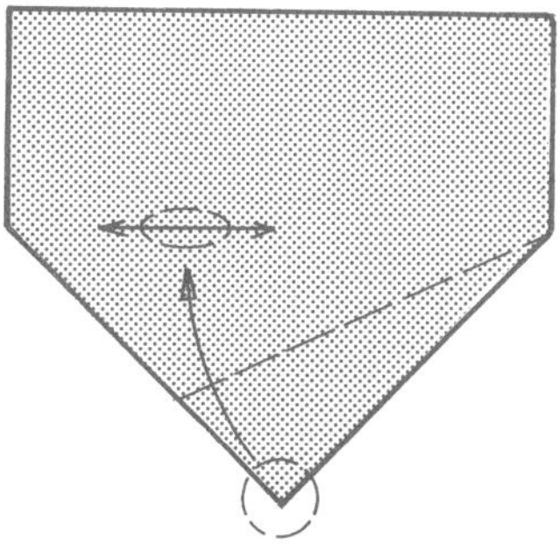

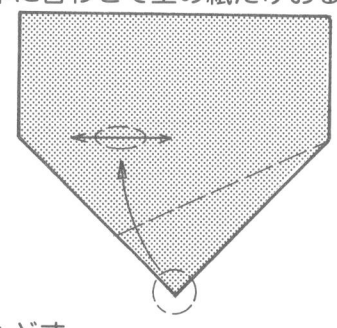

7 ①②の順でおる。

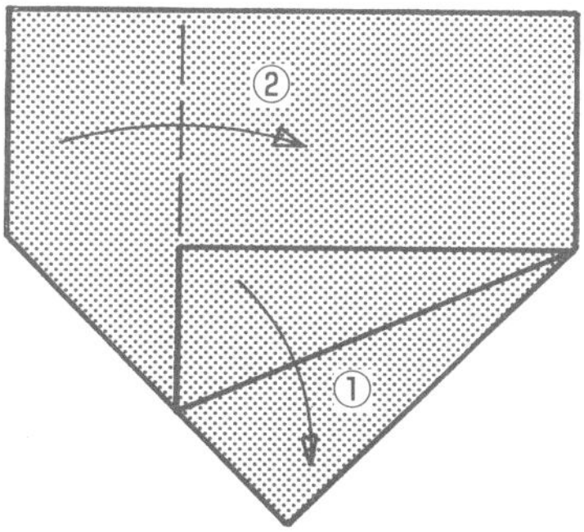

8 もどす。

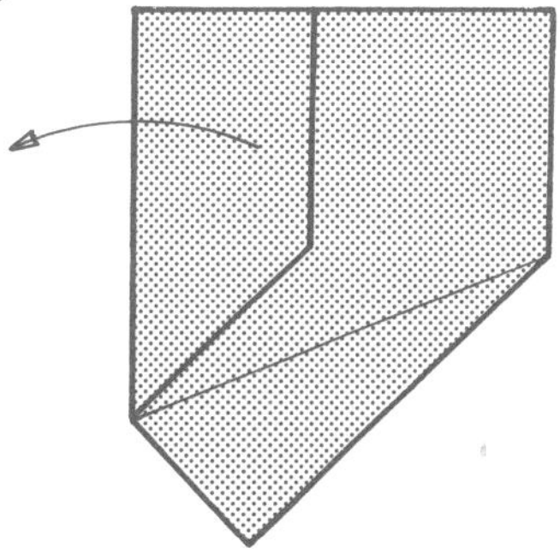

9 7、8でおった線を山おり谷おりにし、左がわへ10のように開く。

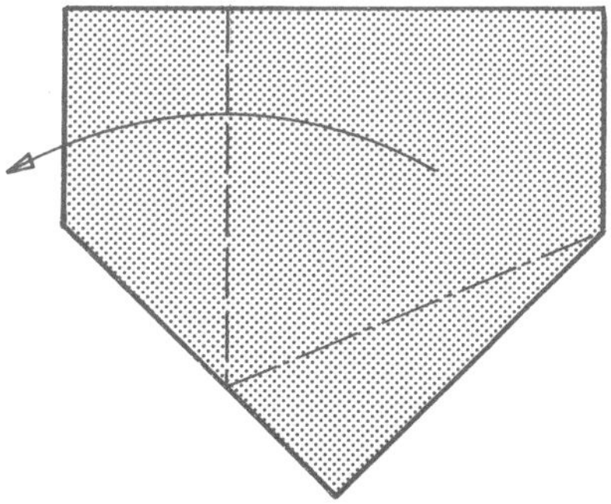

10 途中図。開いてつぶすようにおる。

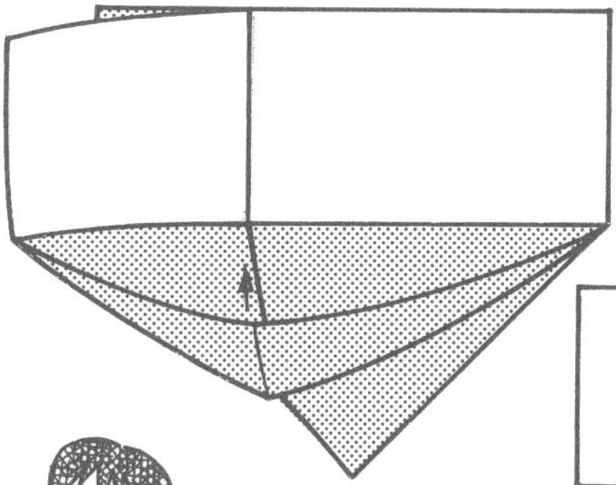

11 反対がわも同様に（6〜10参照）。

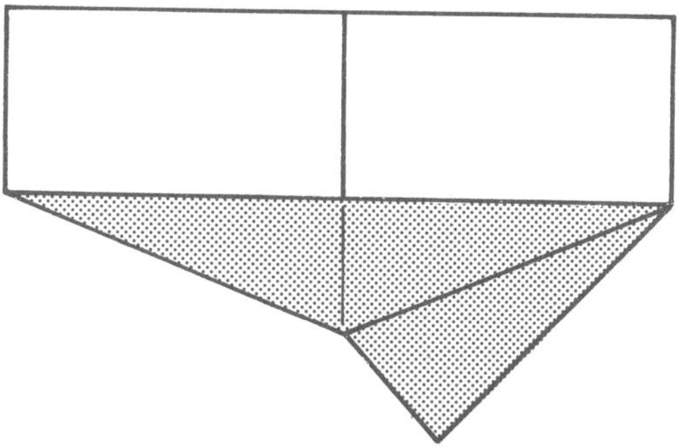

12 おってもどす。

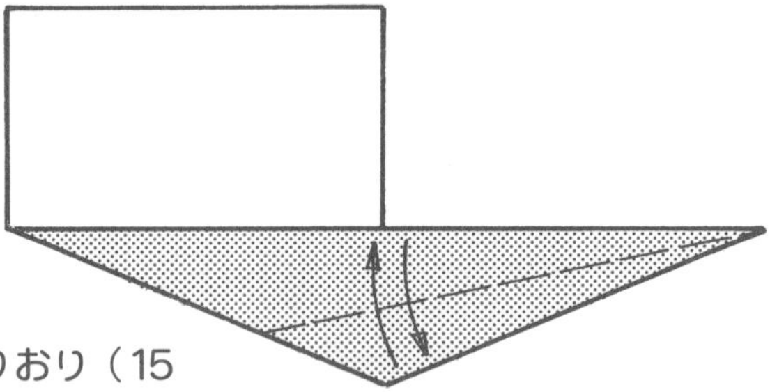

13 印に合わせて中わりおり（15の ◯ 位置を参照）。

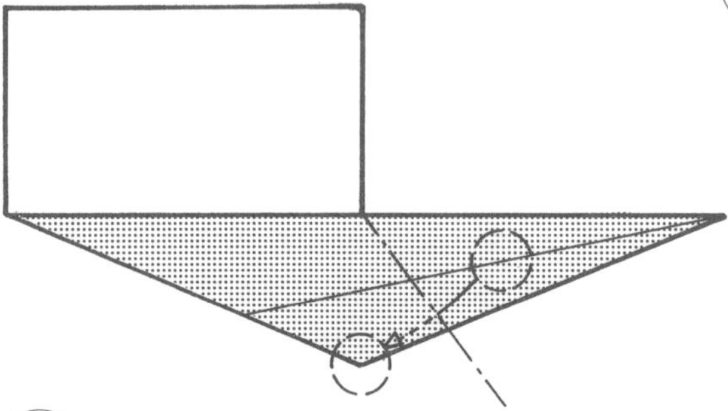

14 途中図。

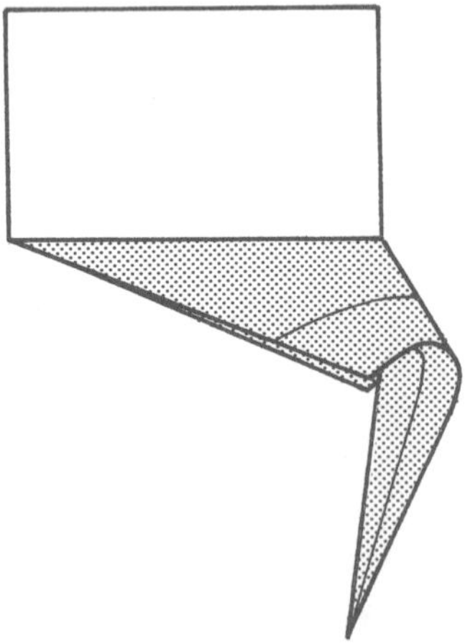

15 内がわにおりこむ。

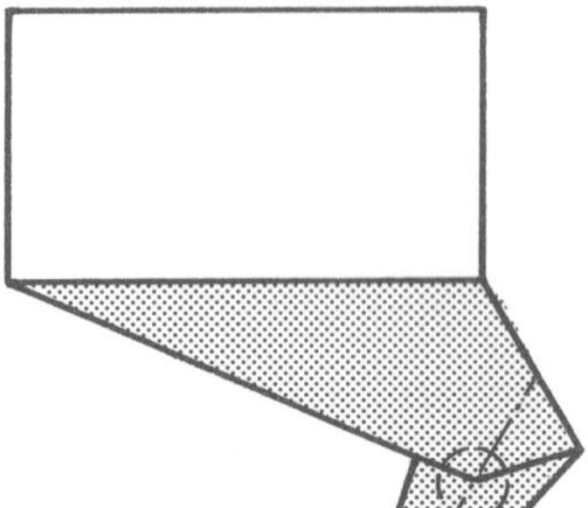

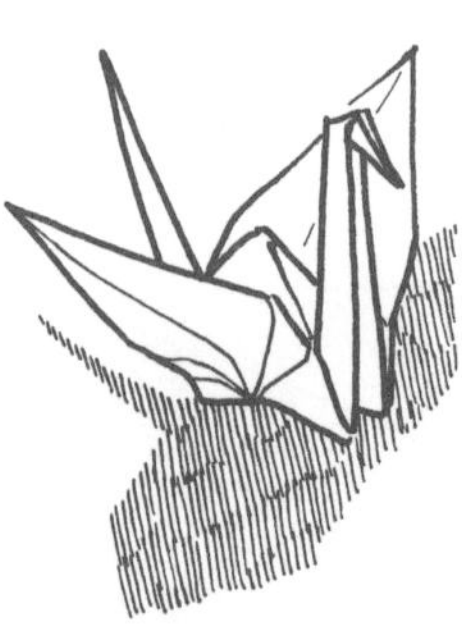

16 中わりおり（伝承のおり鶴の首と同じ）。

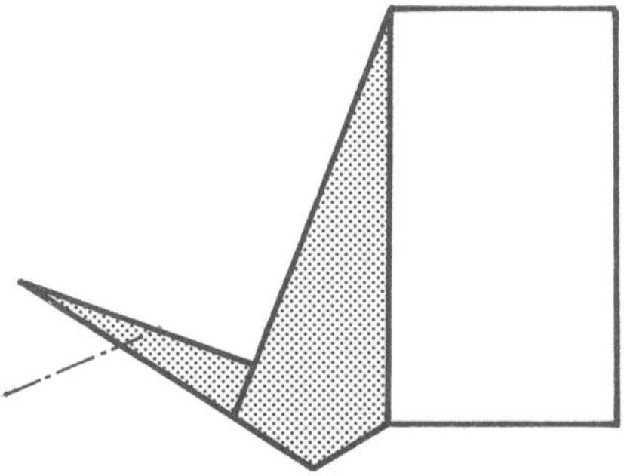

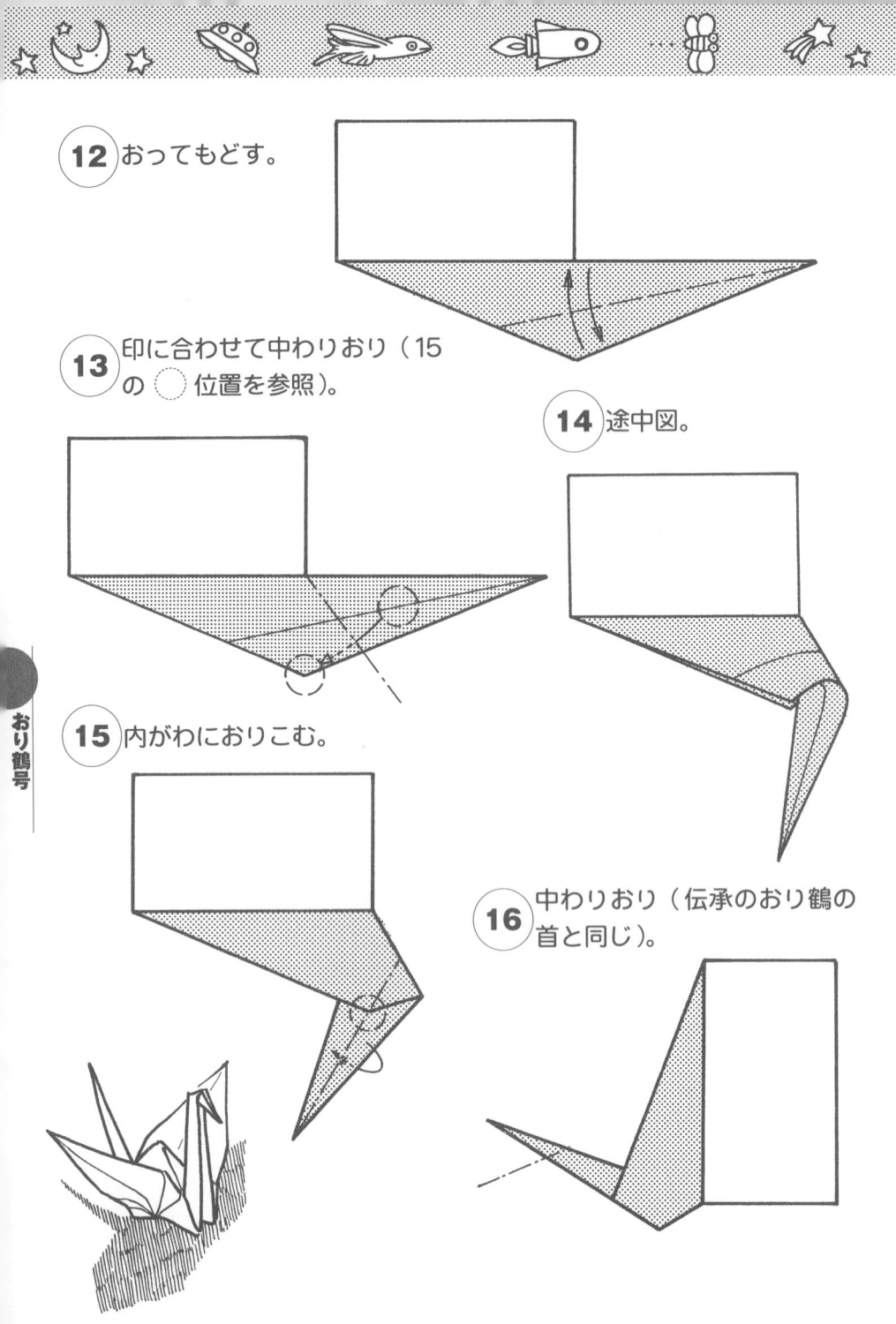

17 A点で合わせて翼をおる（A点は18の ◯ 位置とする）。

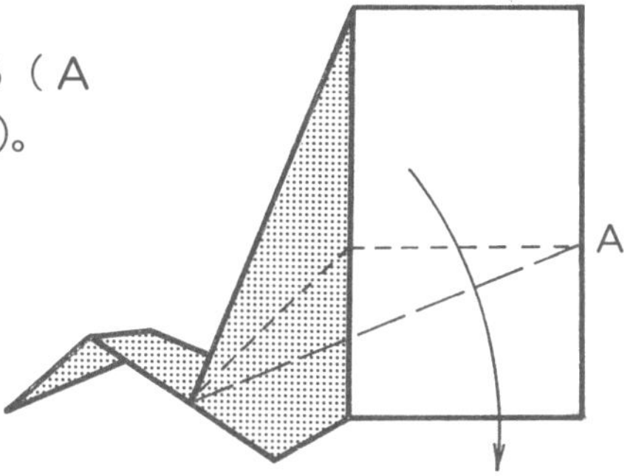
A

18 反対がわも同様におる。

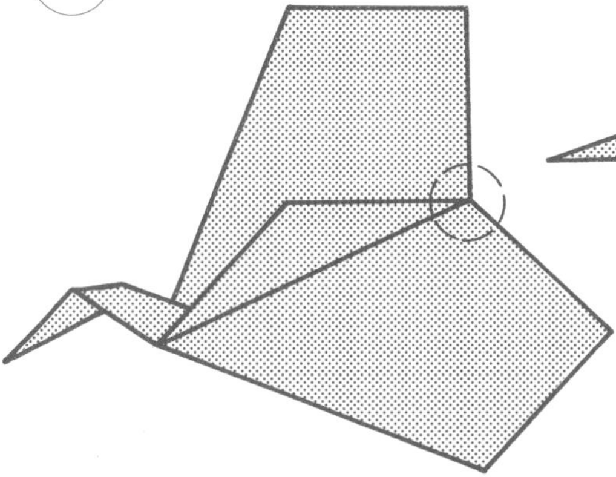

19 3面図のように開く。

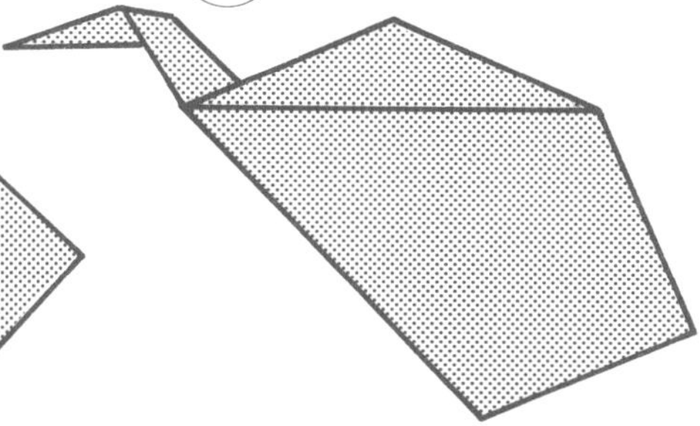

おれたらチェック！ おり鶴号3面図

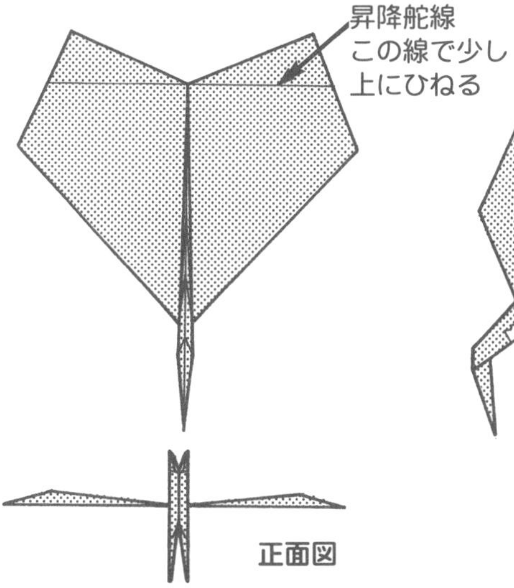
昇降舵線
この線で少し
上にひねる
正面図

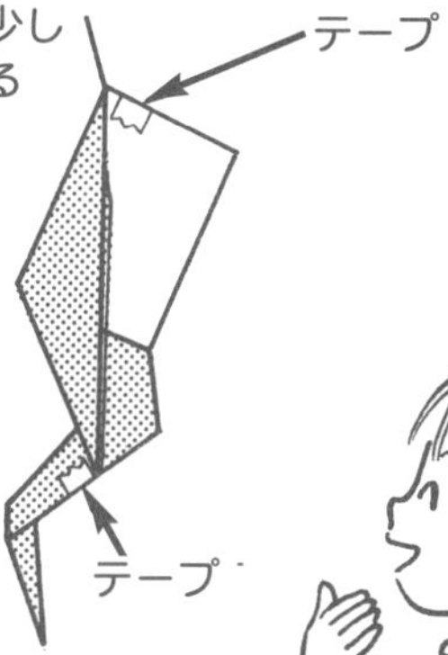
テープ
テープ

飛ばし方……Aタイプ

7 おけら号

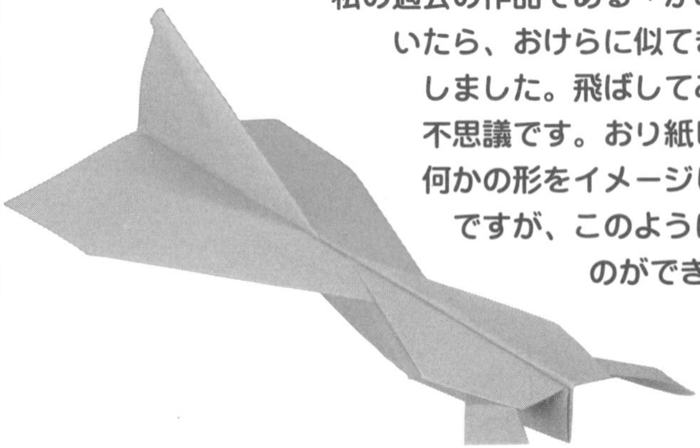

私の過去の作品である「かみきり虫号」をいじっていたら、おけらに似てきたので「おけら号」としました。飛ばしてみたらちゃんと飛ぶのが不思議です。おり紙ヒコーキを創作するのに何かの形をイメージしてつくることも多いのですが、このようになんとなくそれらしいのができる場合も多くあります。
本物のおけらとちがい、
スピードのでる
距離競技タイプです。

1

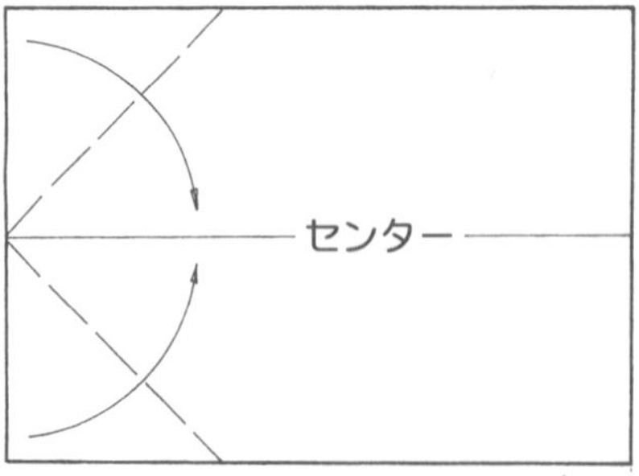

（センターにおり目をつけておく）

2

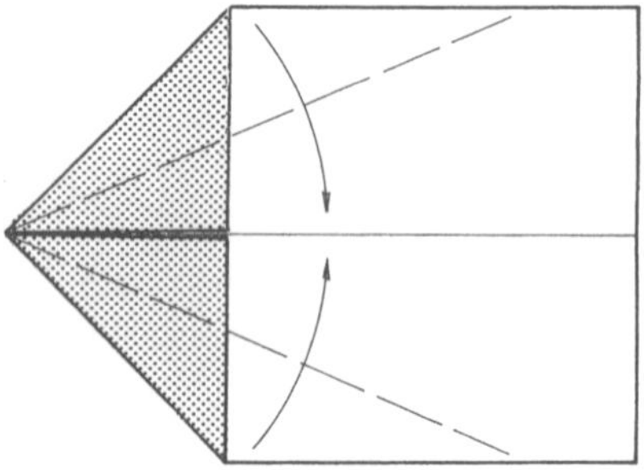

3 ぜんぶ開く。

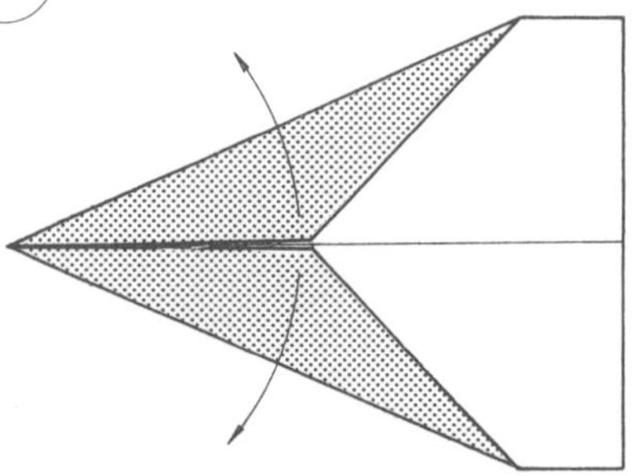

4

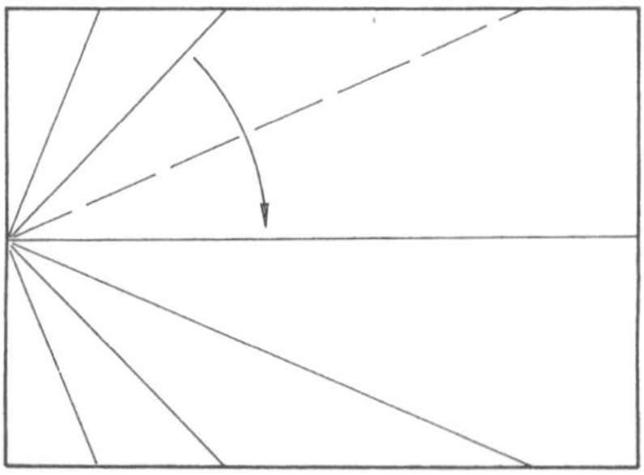

5

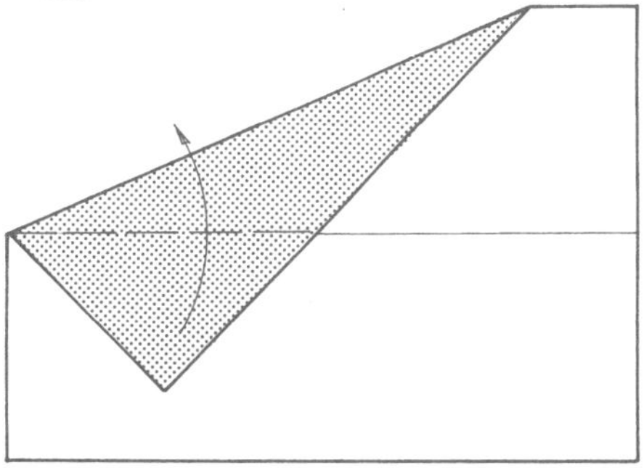

6 反対がわも同様におる。

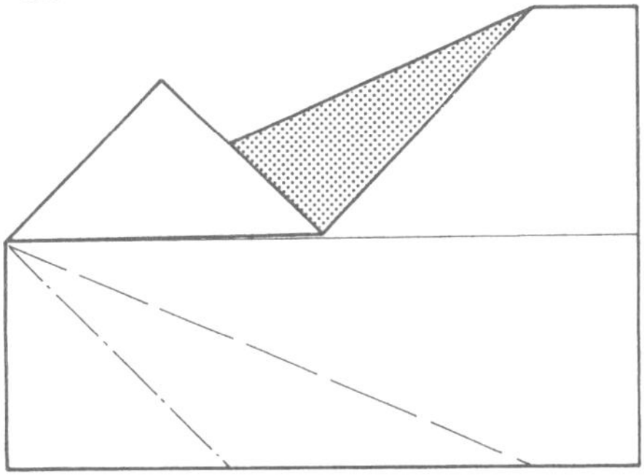

7

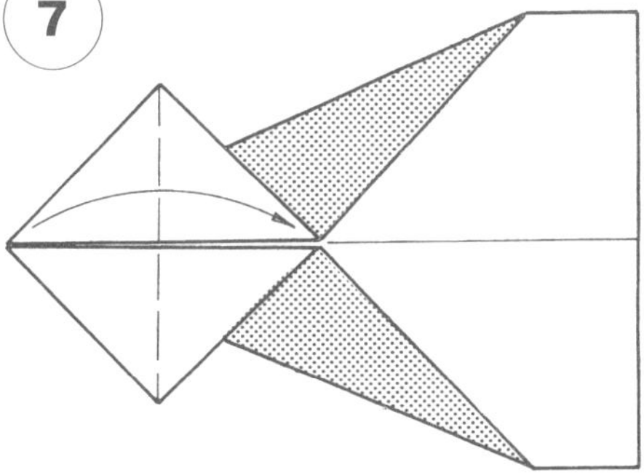

8 印に合わせて①をおる。②をおってもどす。

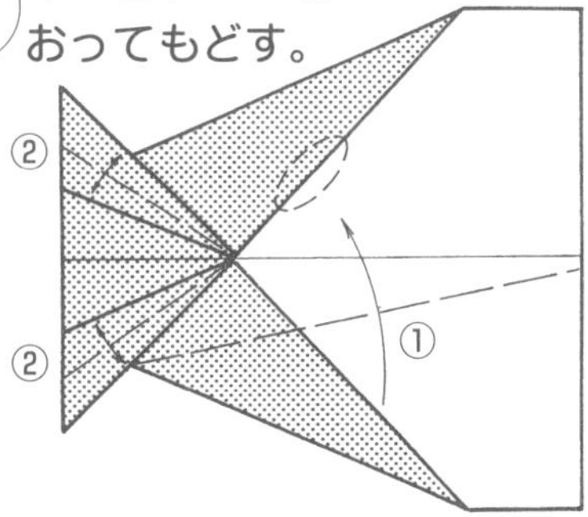

9 図の位置で①②をおる。

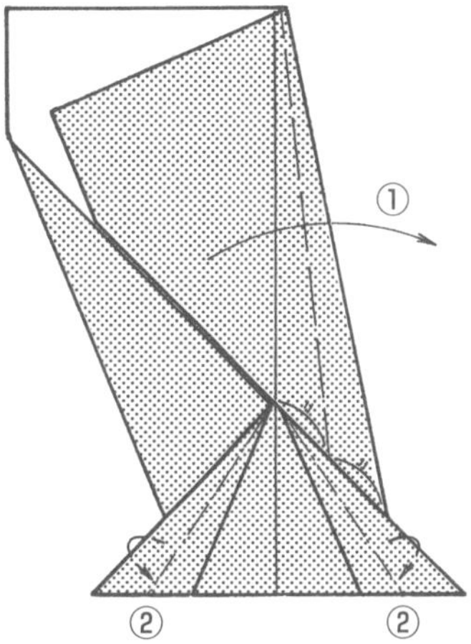

10 いったん開く。

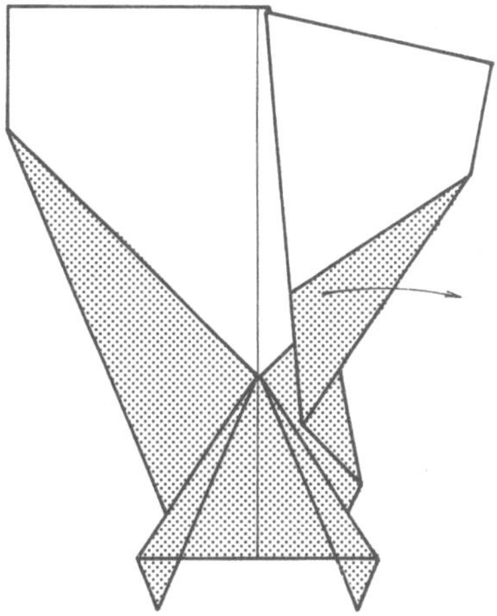

11 2段中わりおり（p8参照）。

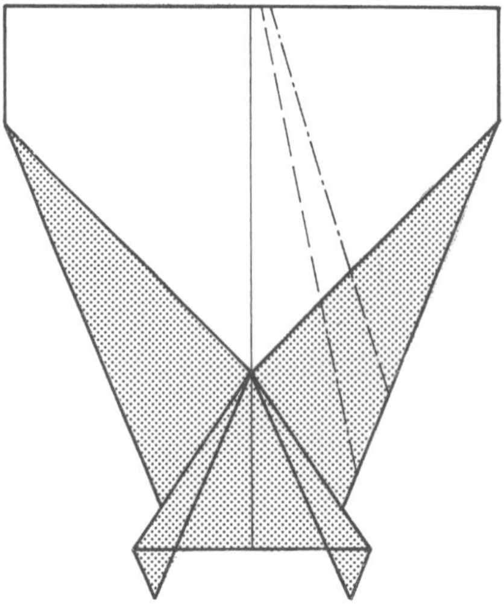

12 途中図。

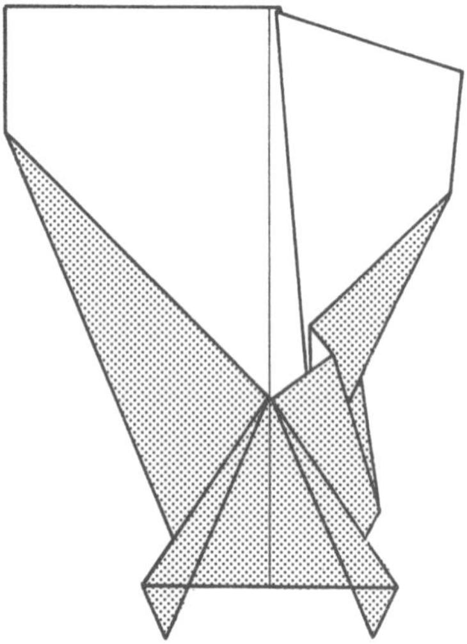

13 左がわも同様に（8～12参照）。

14 半分におる。

15 位置は16を参照。

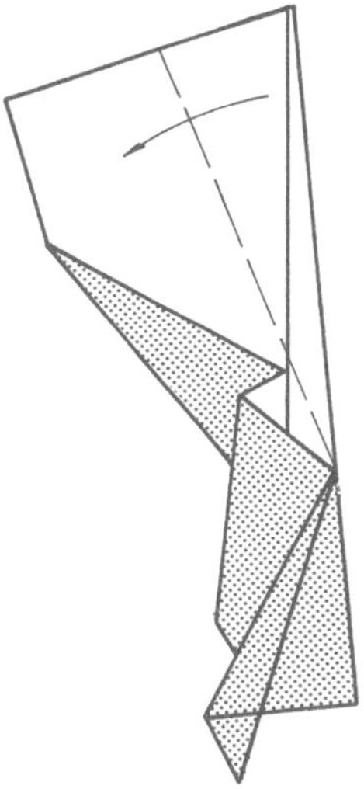

16 もどす。

17 中わりおり（p８参照）。

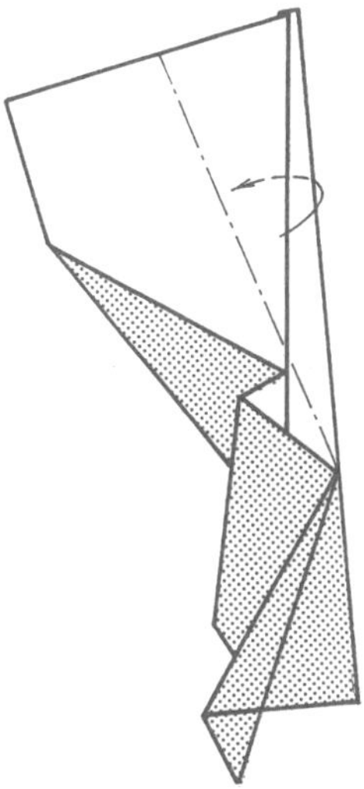

18 途中図。

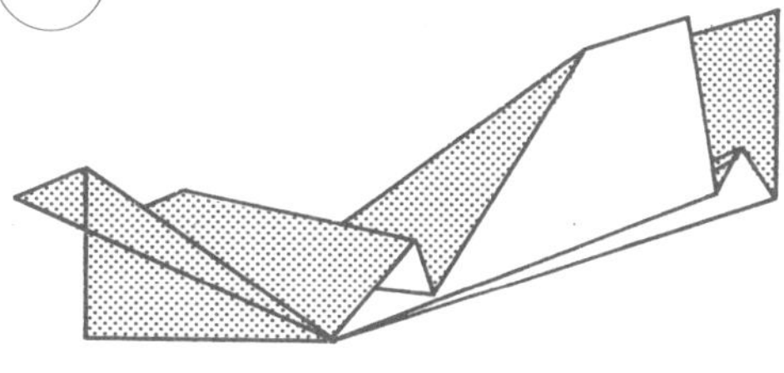

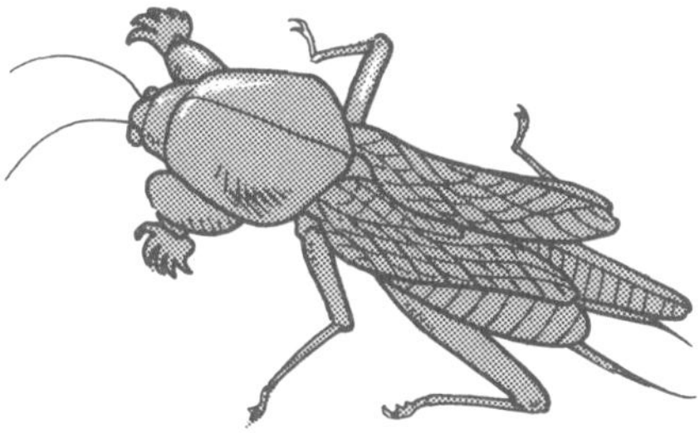

19 図の位置で翼をおる。
反対がわも同様に。

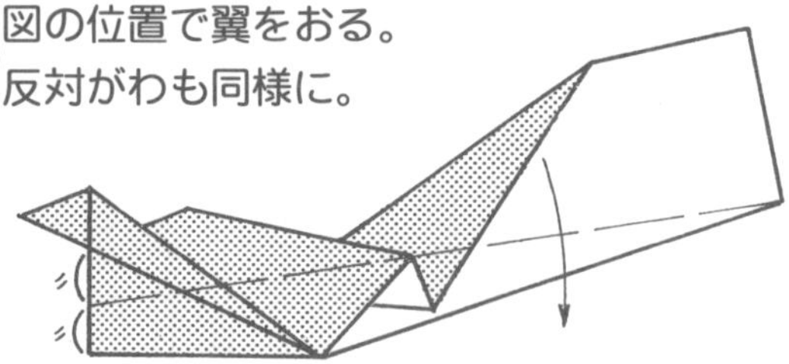

20 3面図のように開く。

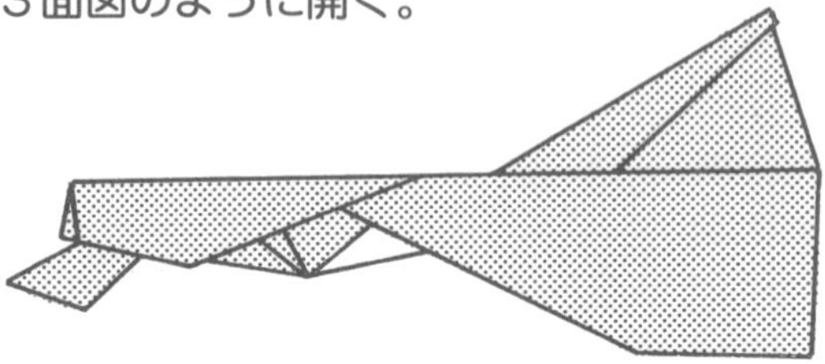

おれたらチェック！ **おけら号3面図**

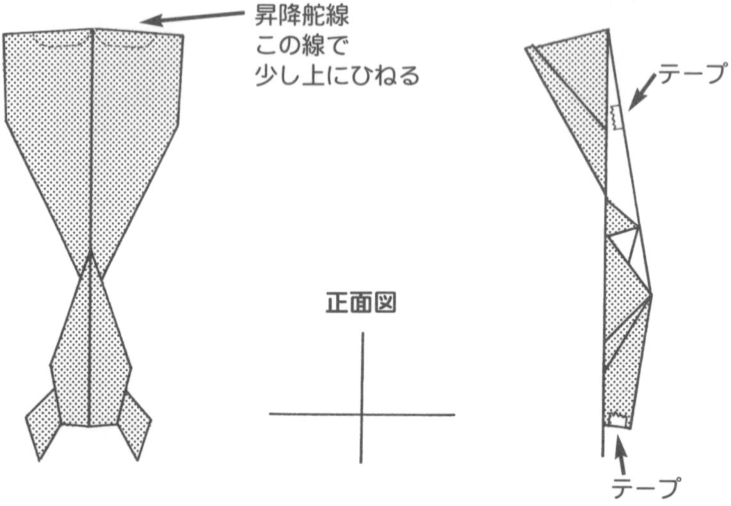
昇降舵線
この線で
少し上にひねる
正面図
テープ
テープ

飛ばし方……Bタイプ

8 機動戦士キングダム

アニメにあるようなキャラクターをコミカルな形で表現してみました。イメージの中では、マッハ３で飛び、体長50m、体重5000トンという形を想定しました。こうなるとライバルのキャラクター紙ヒコーキもつくらねばなりません。う〜ん、これは忙しくなってきたぞ、と勝手に騒いでいます。屋外で力強く上に投げて飛ばしてください。

1 印に合わせておってもどす。

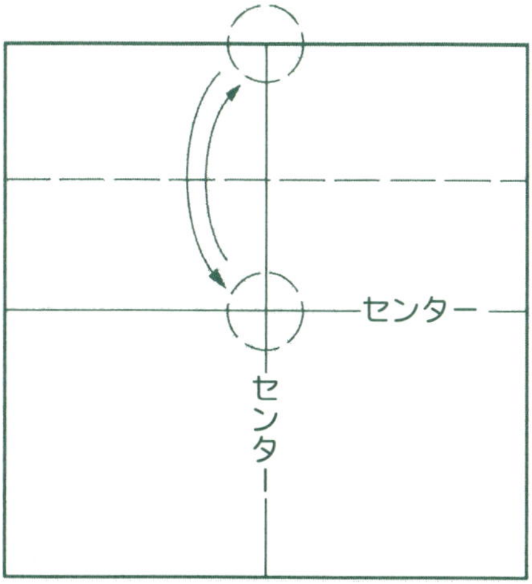

（センターにおり目をつけておく）

2 １のおり目に合わせておる。

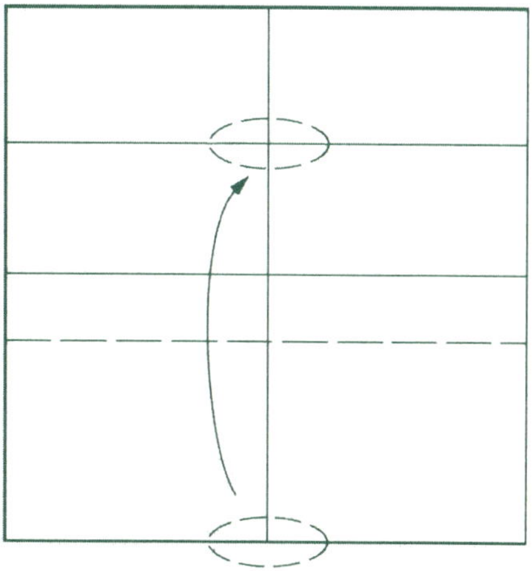

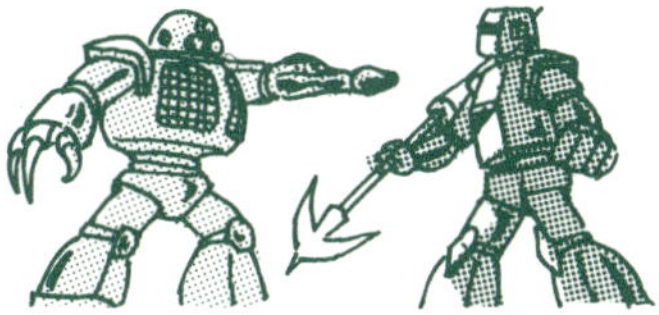

3 印に合わせておった後に中わりおり（p8参照）。

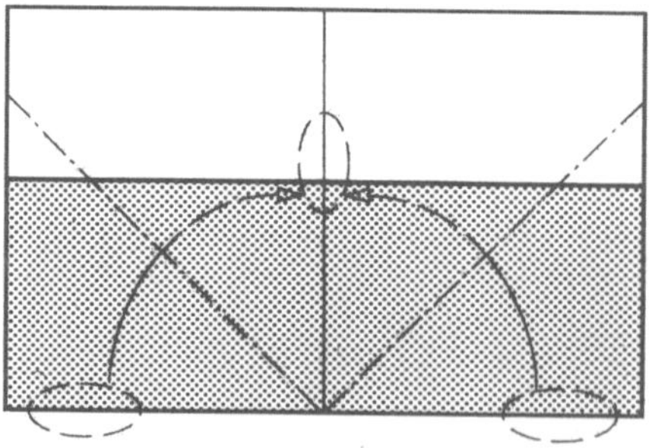

4 印に合わせておってもどす。

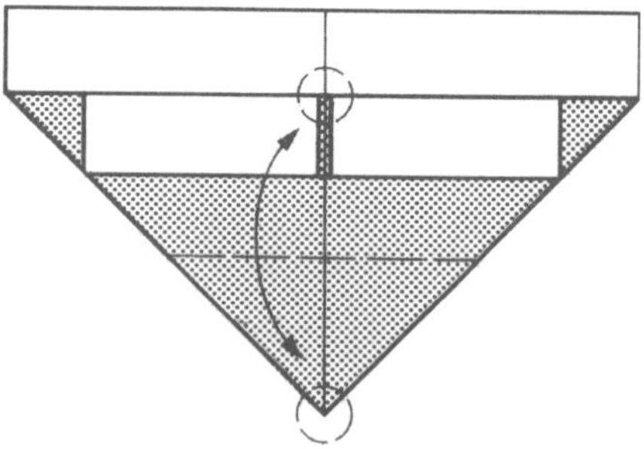

5 右の絵を参考に、印に合わせておる。

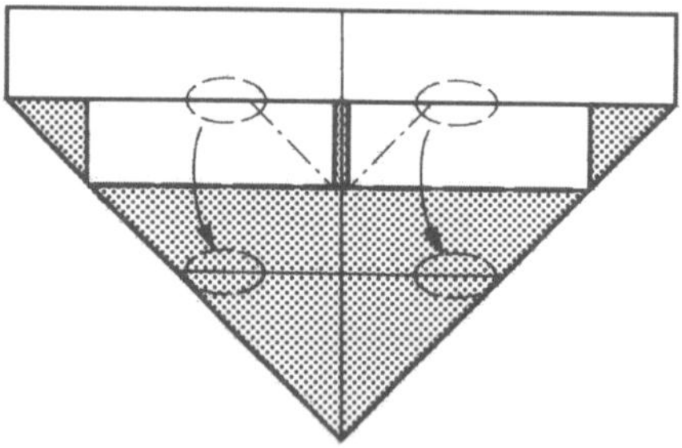

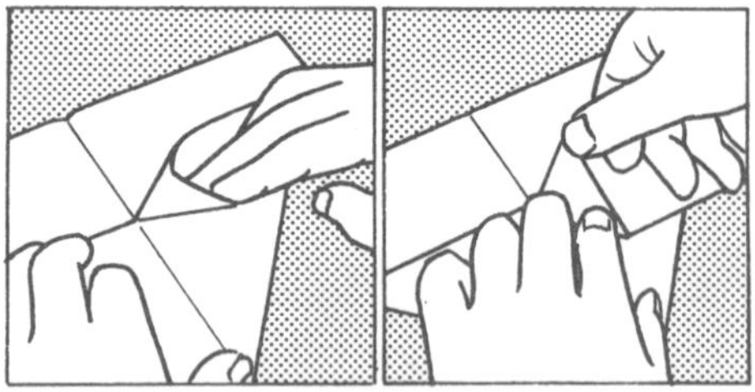

6 5の状態《じょうたい》にもどす。

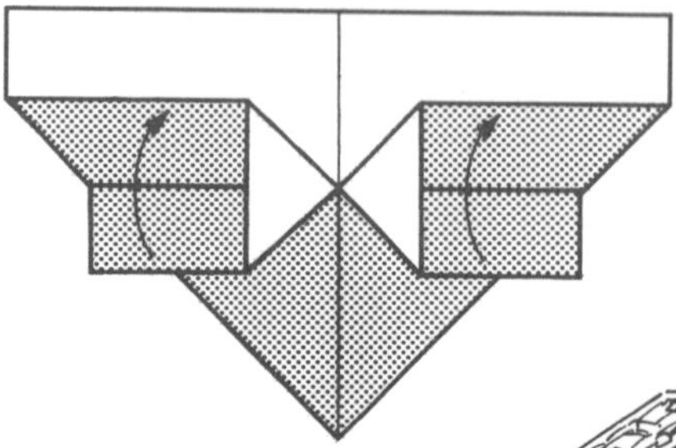

7 上の紙だけおる。

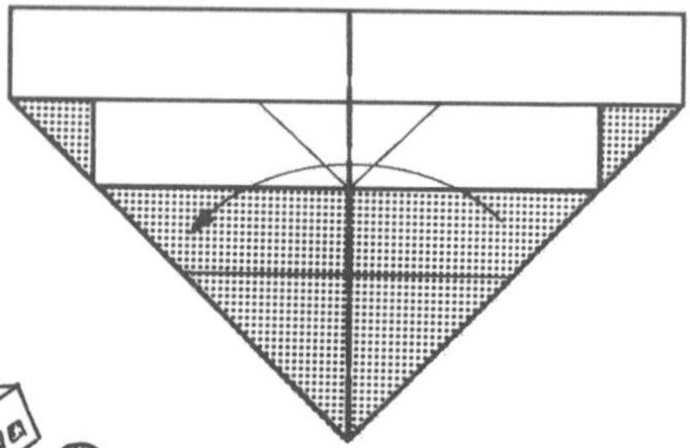

8 ◯を結ぶ線でおってもどす。

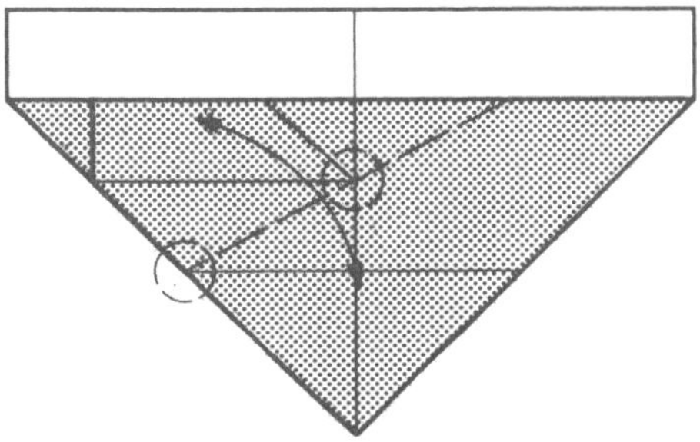

9 印に合わせておる。

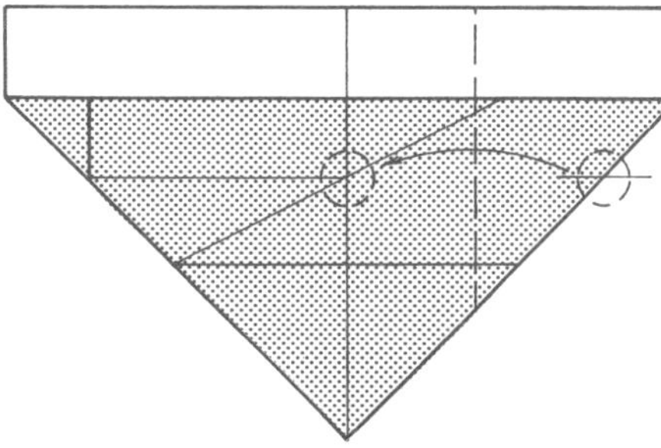

10 図の位置でおる。

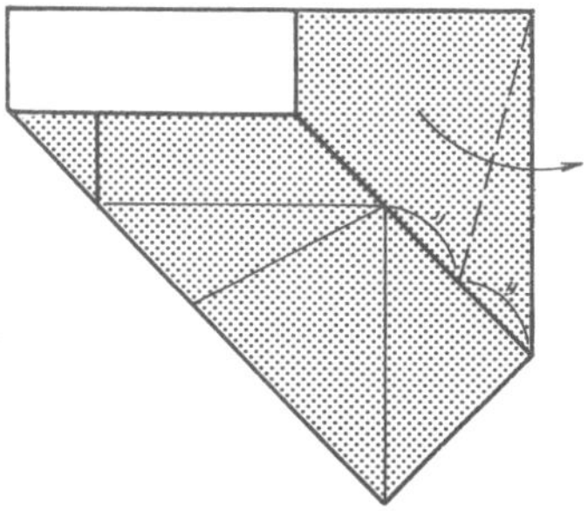

11 いったん開く。

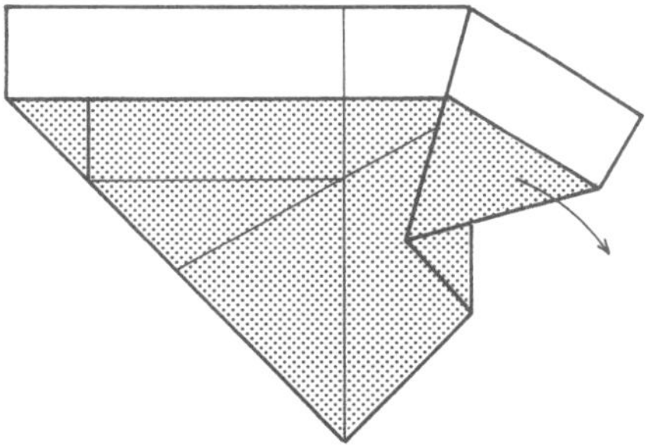

12 2段中わりおり（p8参照）。

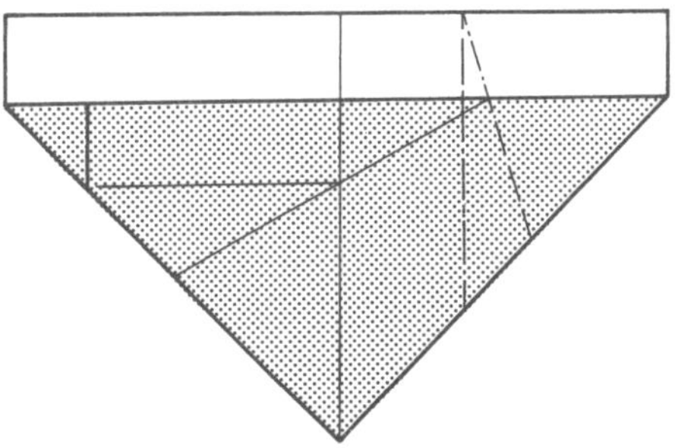

13 2枚ともおる。

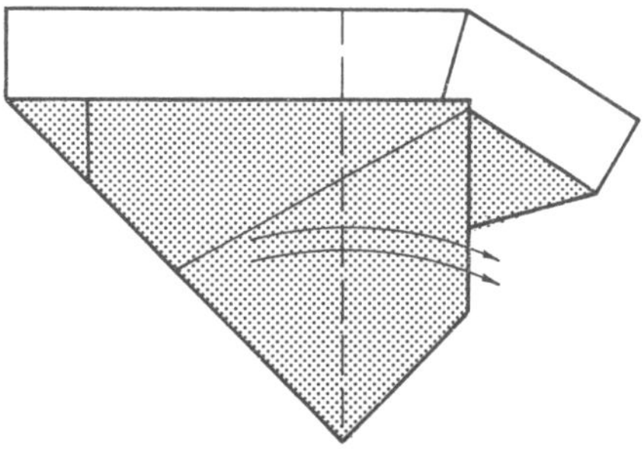

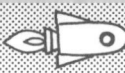

14 左がわも同様に２段中わりおり。

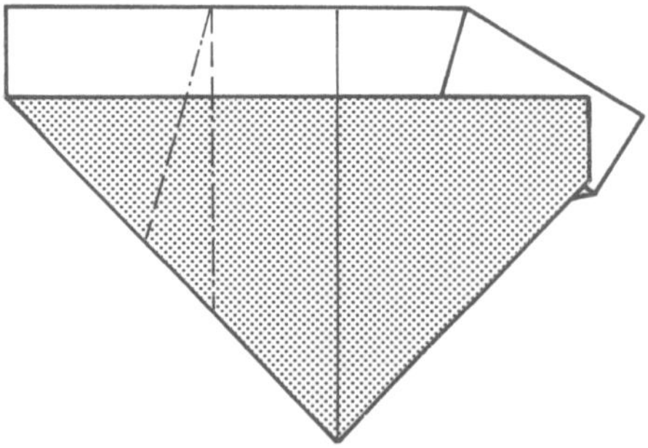

15 上の紙だけおる。

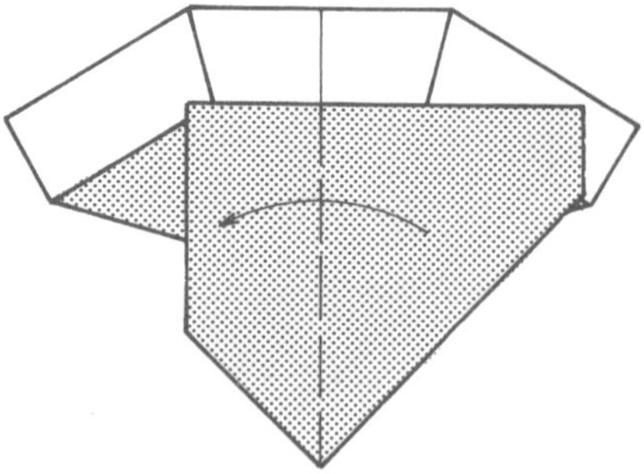

16 途中図を参考に、うらがわにおる。

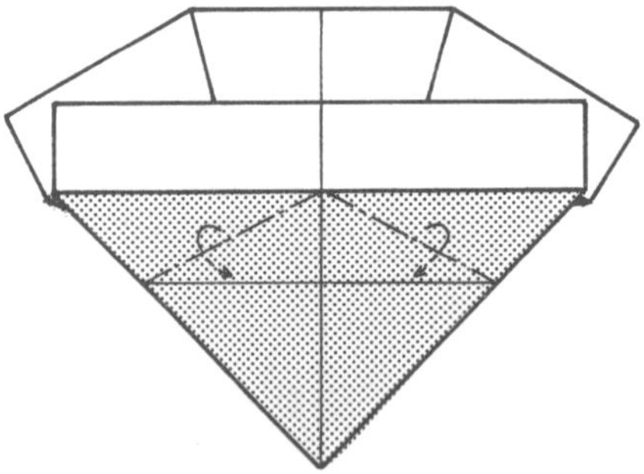

17 途中図。

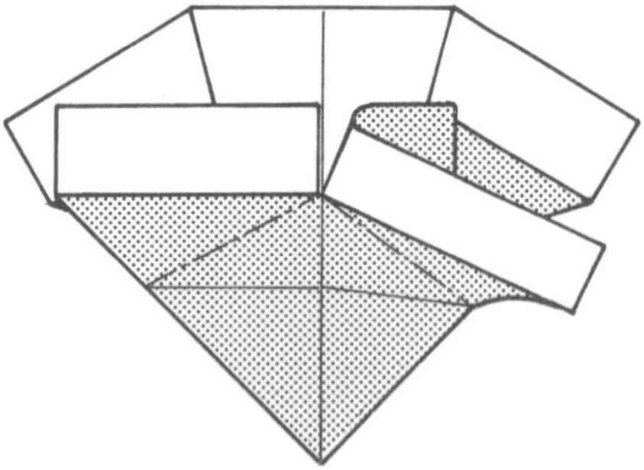

18 ①②の順におる。②は内がわにさしこむ。

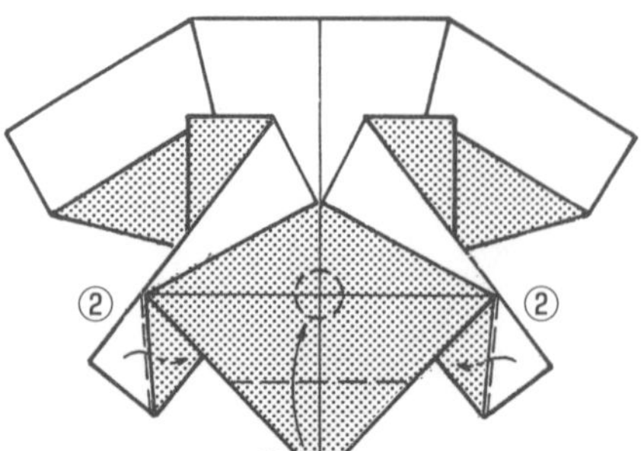

19 半分におる。

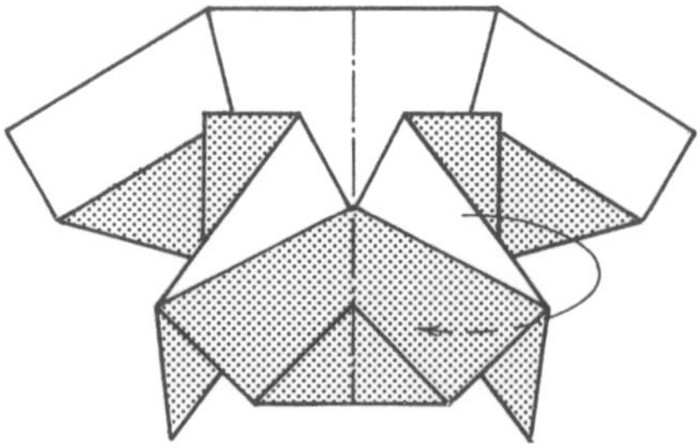

20 図の位置で翼をおる。反対がわも同様に。

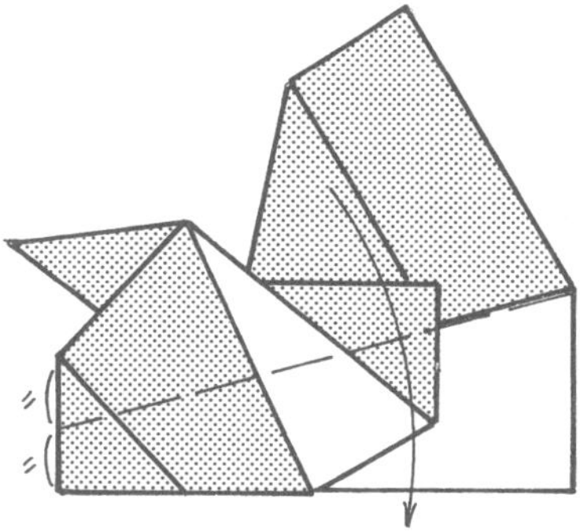

21 3面図のように開く。

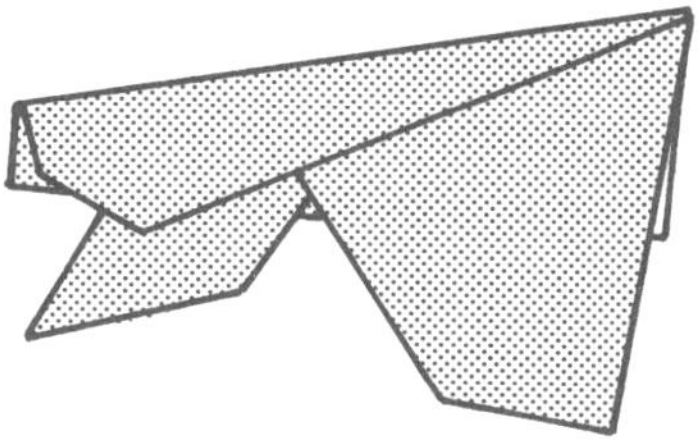

おれたらチェック！ 機動戦士キングダム3面図

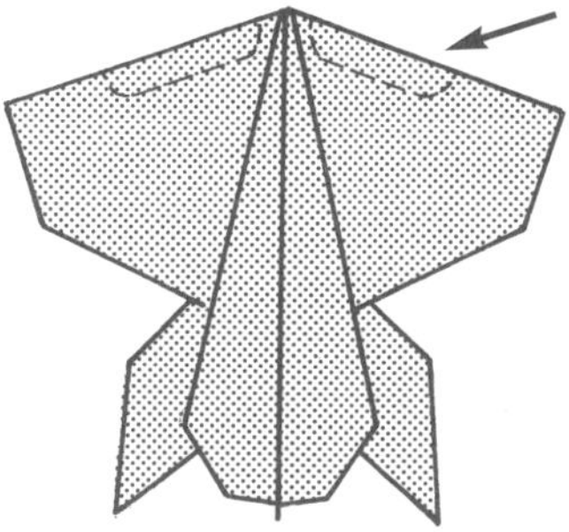

昇降舵線
この線で
少し上にひねる

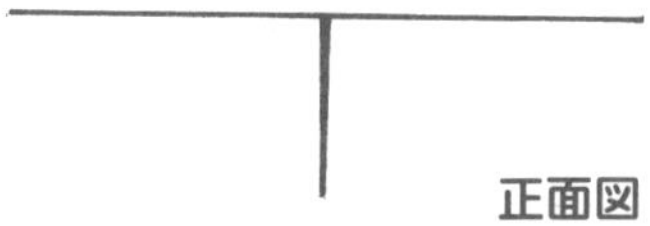

正面図

飛ばし方……Bタイプ

9 竜宮亀《りゅうぐうがめ》

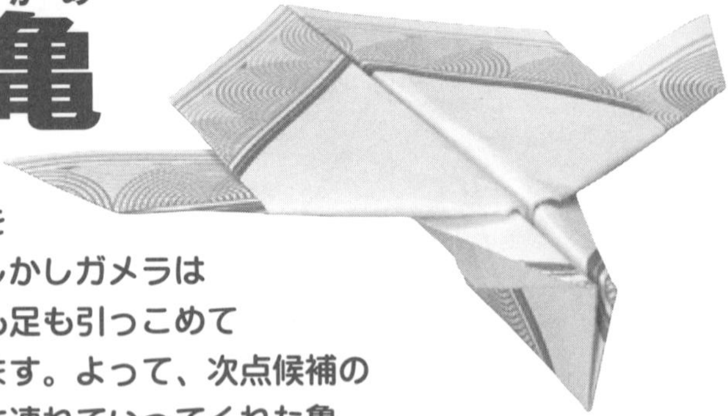

亀型のヒコーキと
いうことで映画のガメラを
イメージしてみました。しかしガメラは
飛んでいる時はたしか頭も足も引っこめて
回転していたように思います。よって、次点候補の
浦島太郎に出てくる竜宮に連れていってくれた亀
ということにしました。このヒコーキの巨大なものを
つくり、鳥人間コンテストでそれに乗って
飛んだらうけると思います。

1 おってもどす。

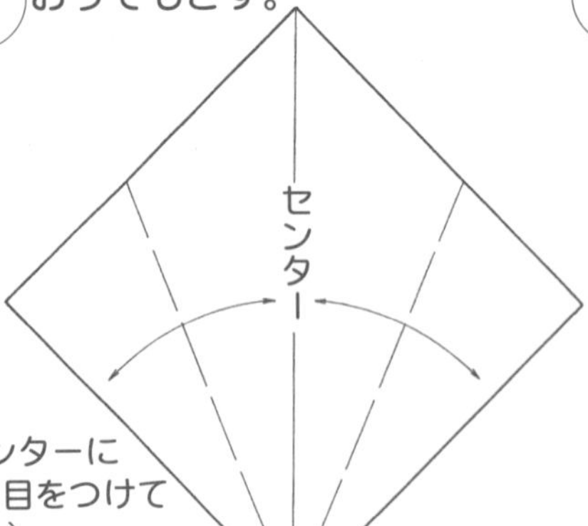

（センターにおり目をつけておく）

2

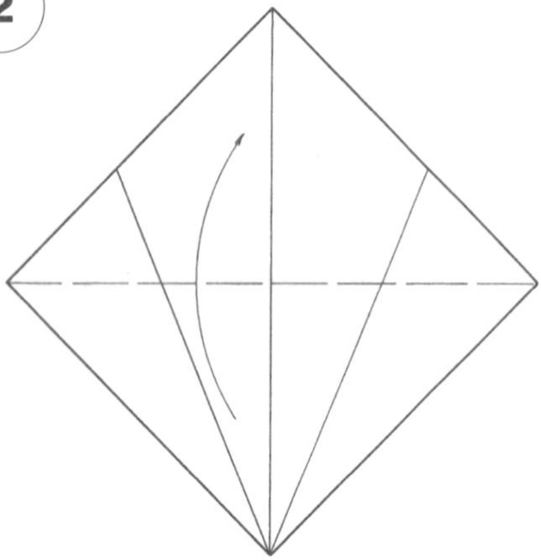

3

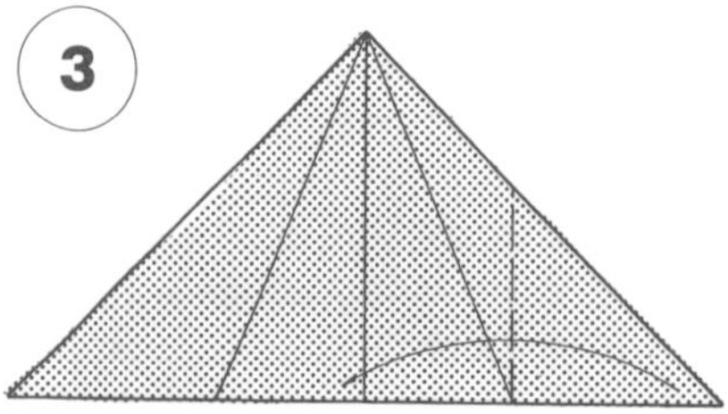

4

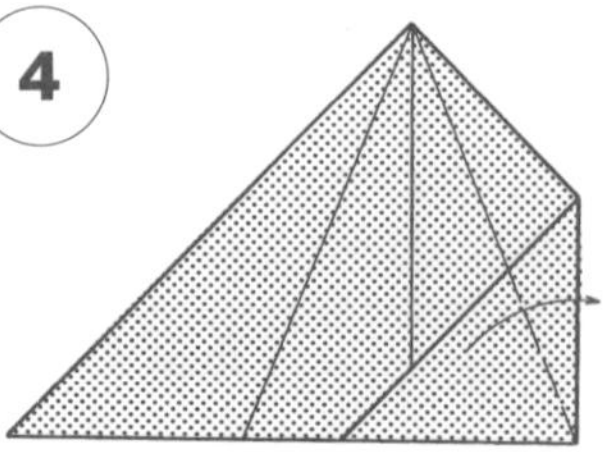

5 内がわの紙を引っぱり出す。途中図参照。

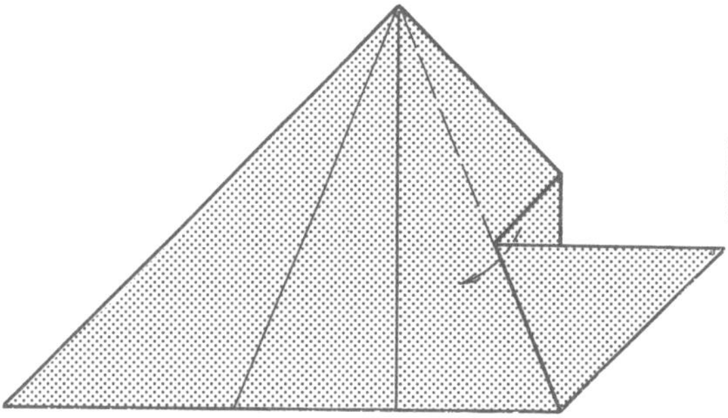

途中図

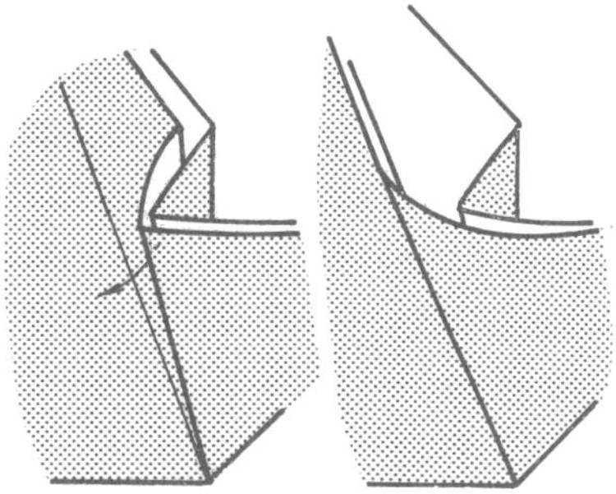

6 つぶすようにおる。左がわも3～5と同様に。

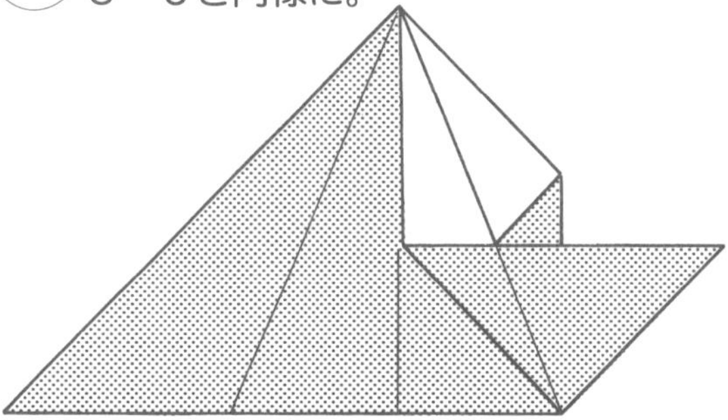

7 上の紙を①②の順におる。

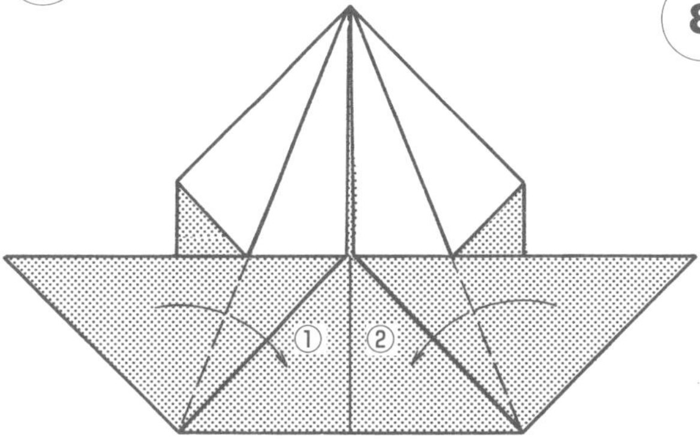

8 おってもどす。左がわも同様に。

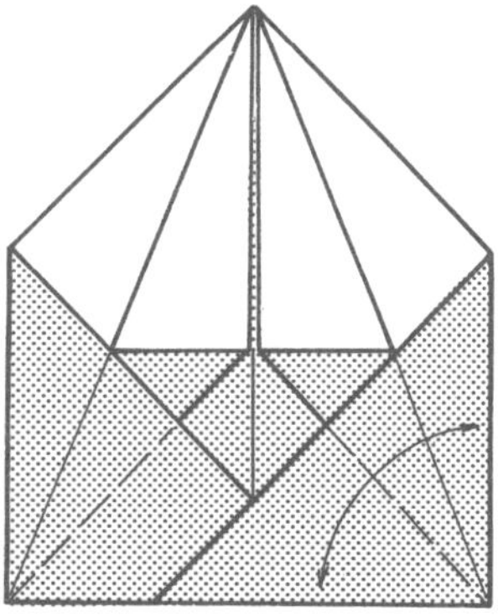

9 2つの ⬭ の中心でおる。
左がわ（②）も同様に。

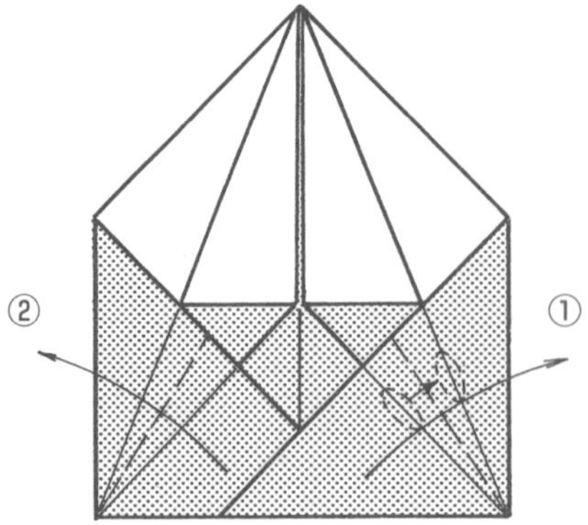

10 内がわから引っぱり出す。

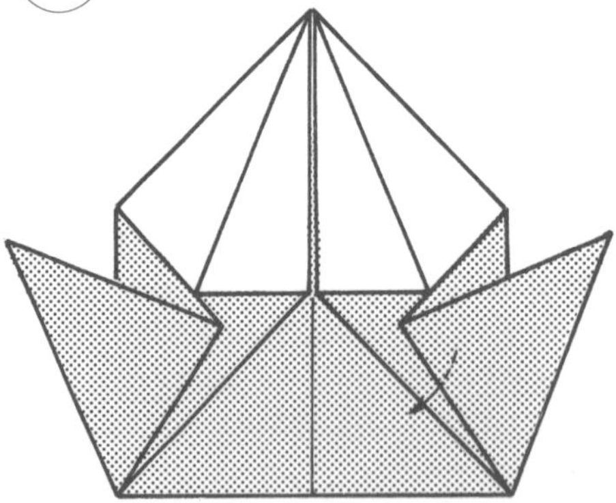

11 途中図。

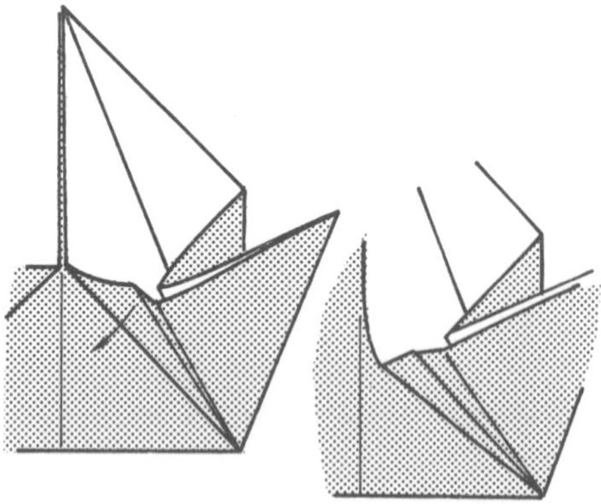

12 つぶすようにおる。左がわも同様に。

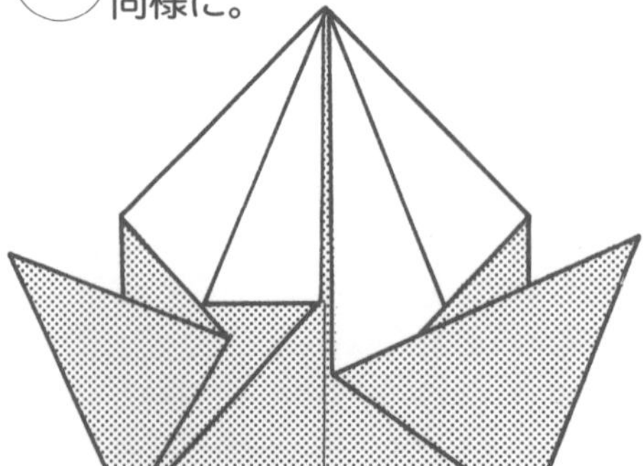

13 印に合わせておってもどす。

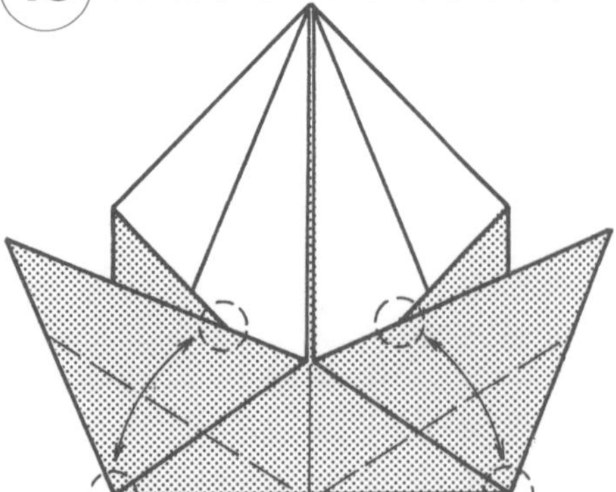

14

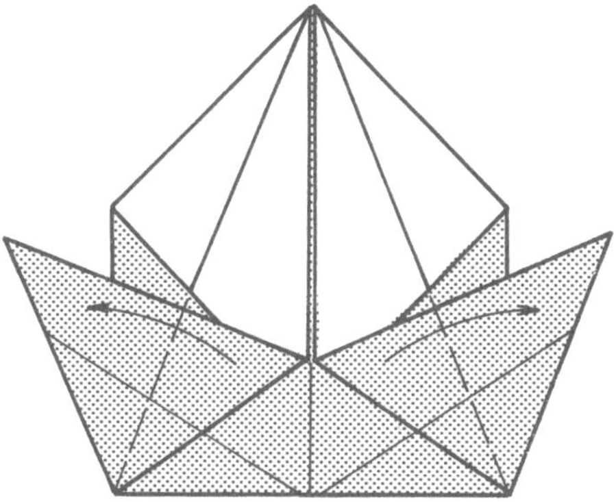

15 上の紙を内がわにおりこむ（16の形を参考に）。

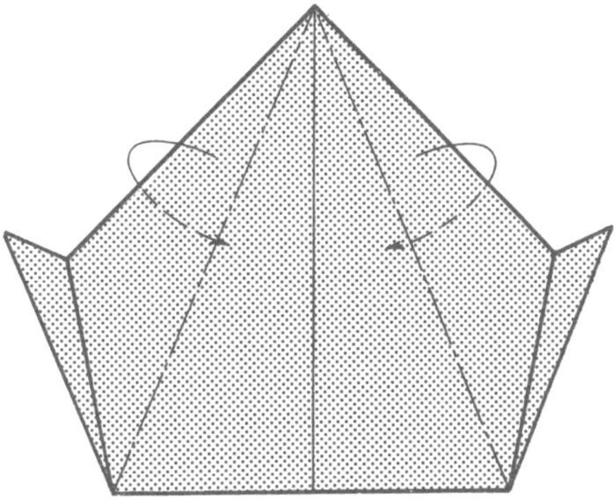

16 17を参考に、目標線に対して１mmくらいすき間があくようにおる。

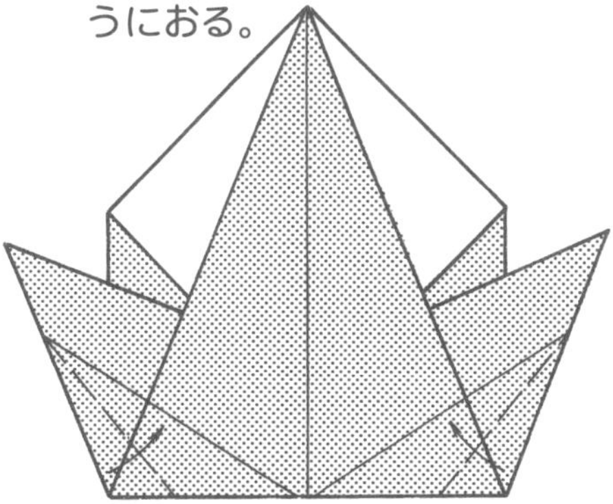

17

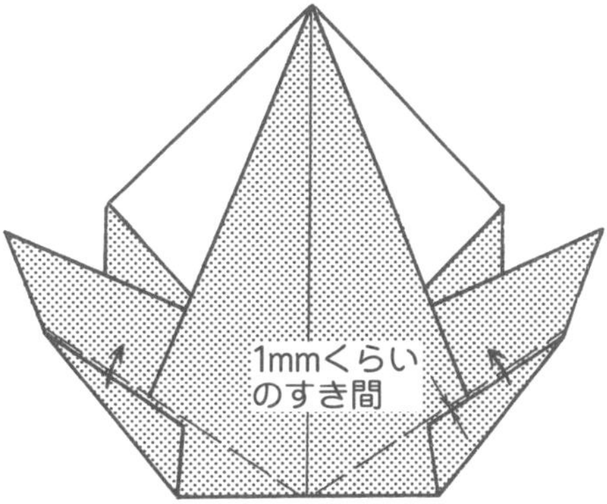

18

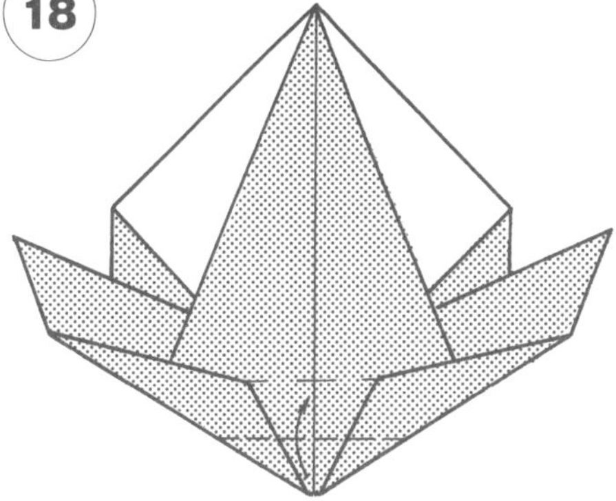

19 上の紙だけおる。

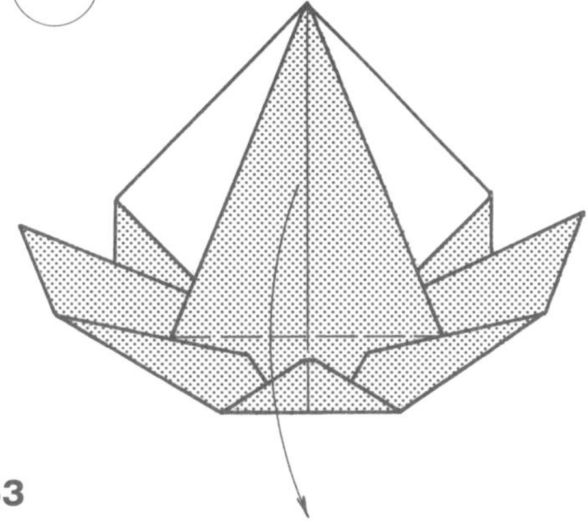

20

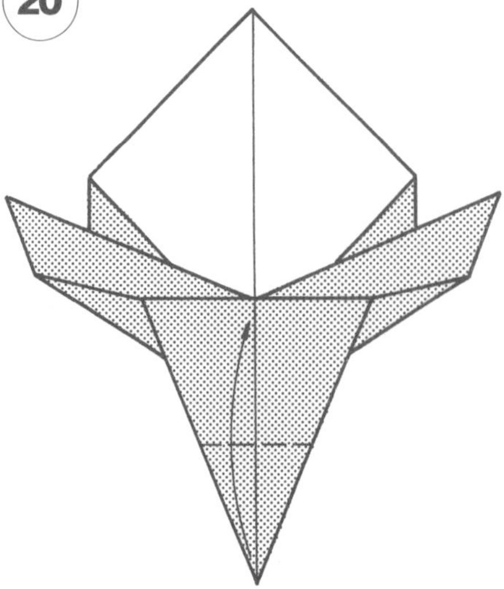

21 半分におる。

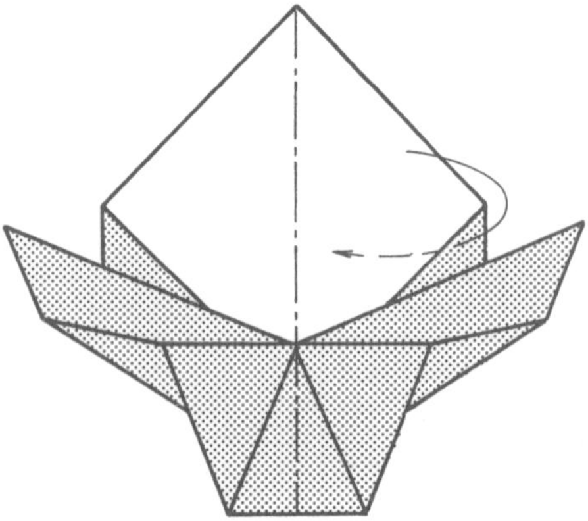

22 同じはばで翼をおる。
反対がわも同様に。

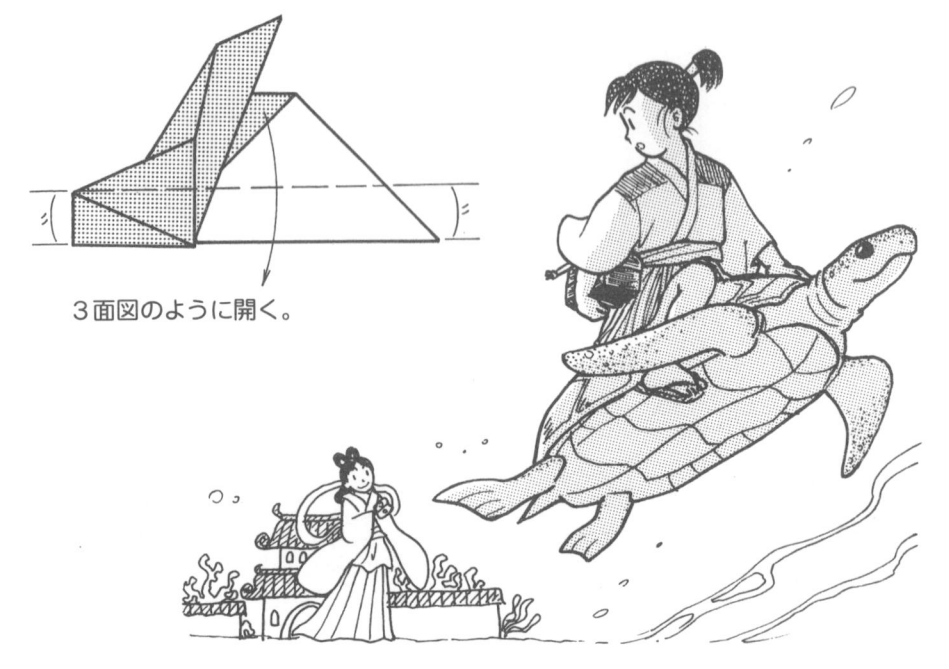

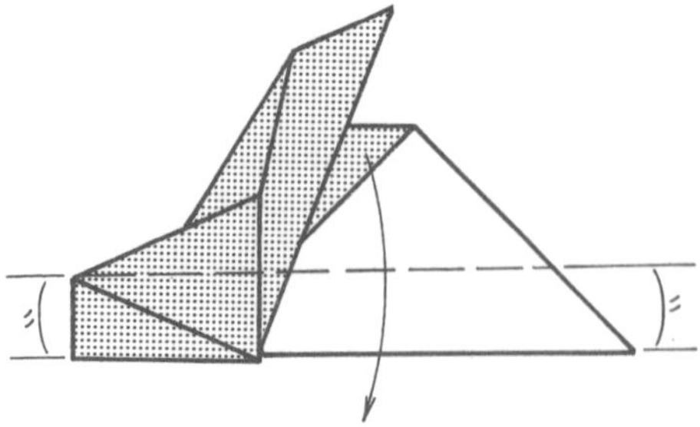

3面図のように開く。

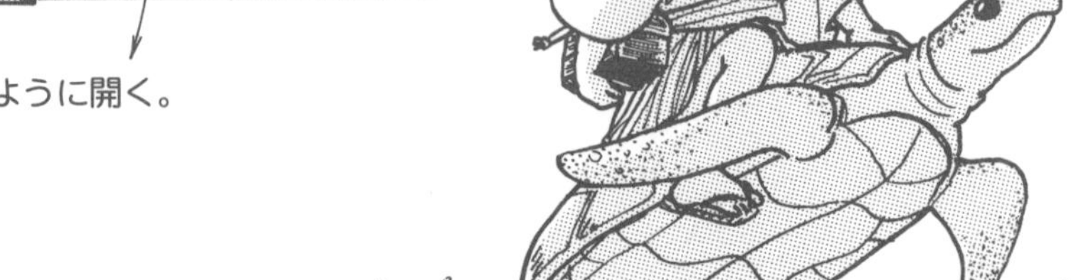

おれたらチェック！ 竜宮亀3面図

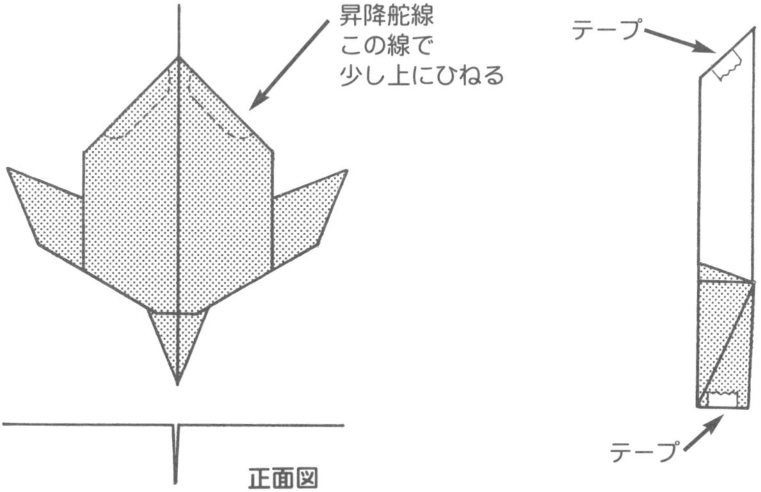
昇降舵線
この線で
少し上にひねる
テープ
テープ
正面図

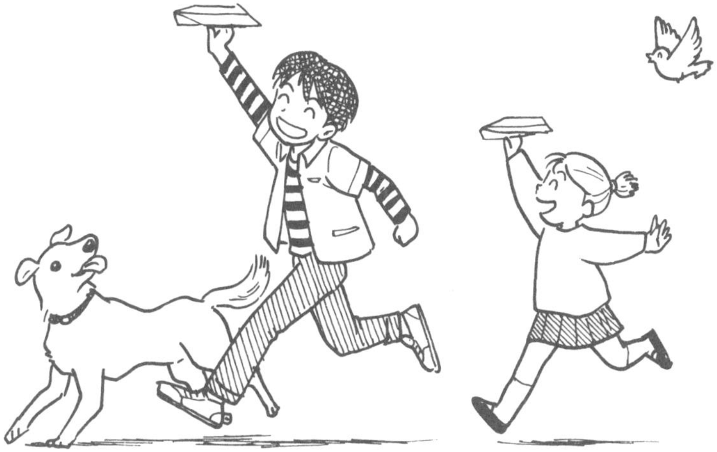

飛ばし方……Bタイプ

10 フライングパイナップル

子どものころ、パイナップルの形はドーナツ型だと思っていました。しかしそれは缶詰に入れるために輪切りにした形だと知ったのは中学生になってからでした。スーパーで丸ごと売られている現在では笑い話ですが、ご年配の方には私と同じ経験をした人も多いのではないでしょうか。

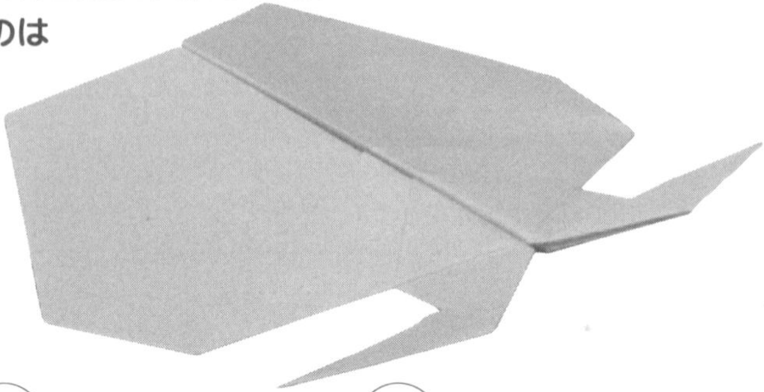

1 印に合わせておってもどす。

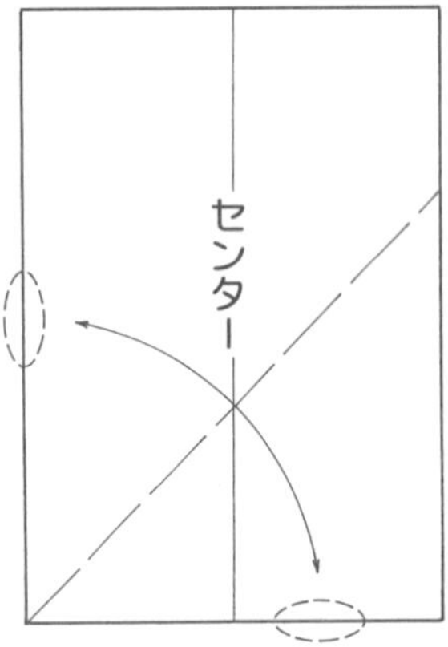

（センターにおり目をつけておく）

2 おってもどす。

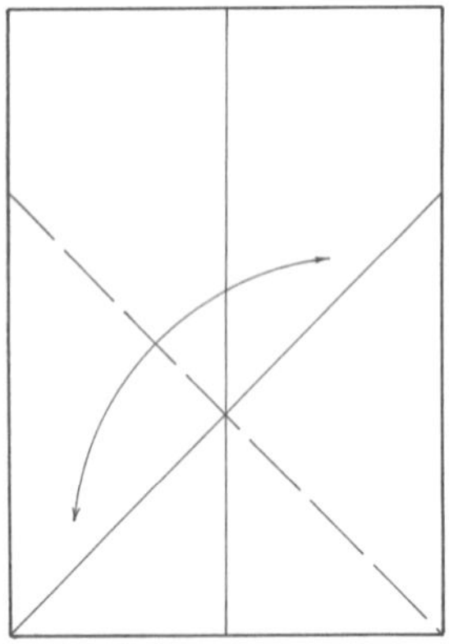

3 おってもどす。

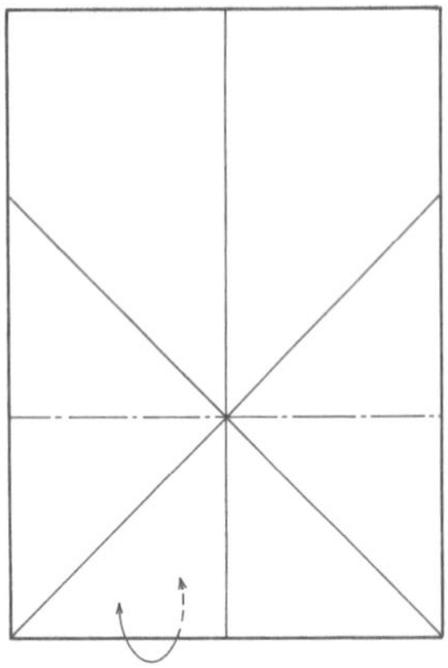

4 途中図を参考におる。

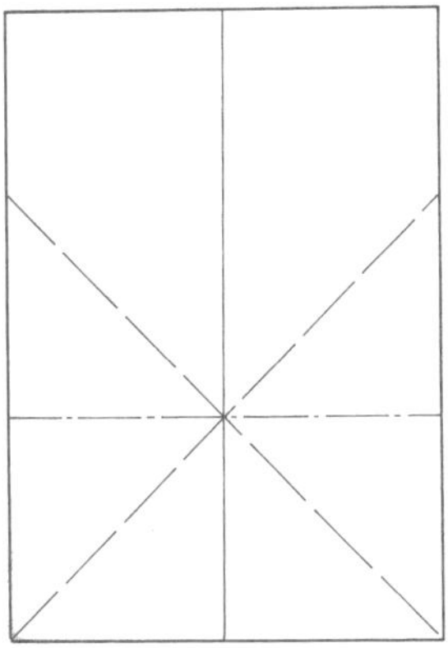

5 途中図。

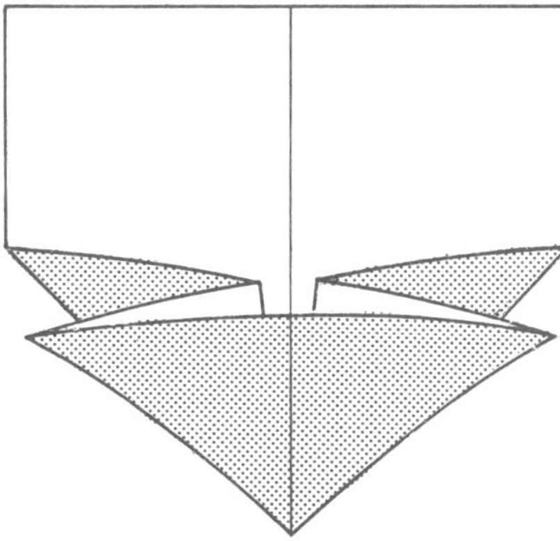

6 上の紙だけおる。

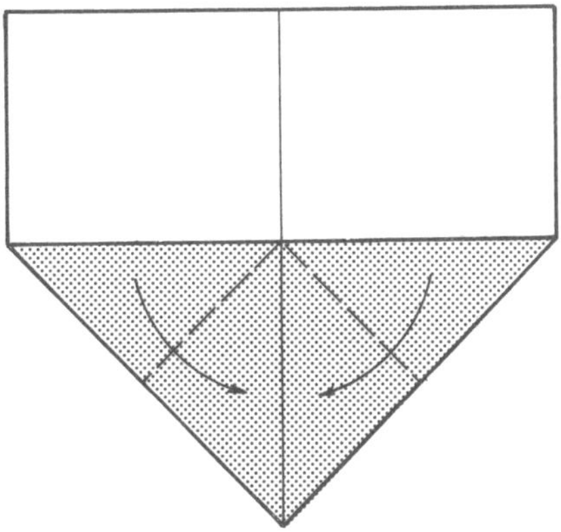

7 おってもどす。

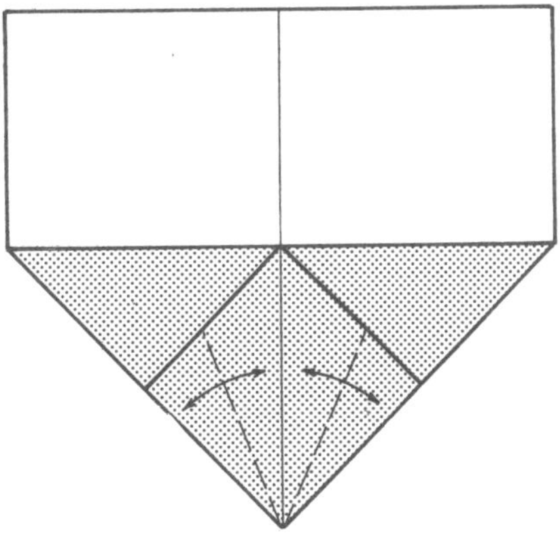

8

途中図を参考に
中わりおり
（p8参照）。

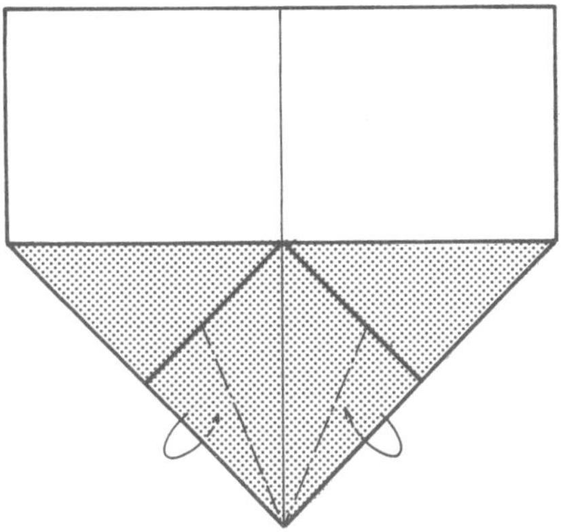

9 途中図。

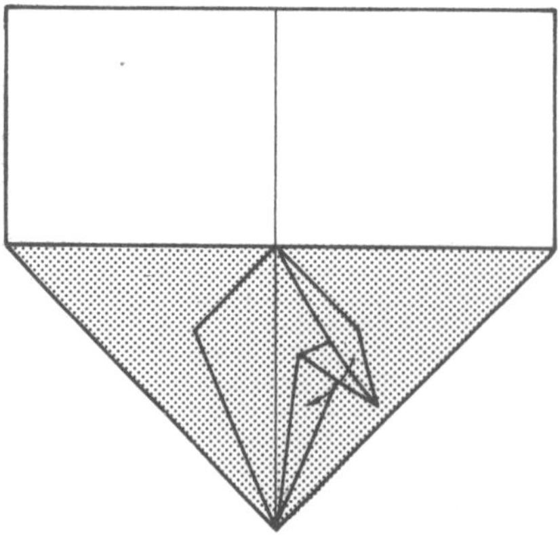

10 下の紙をおる。

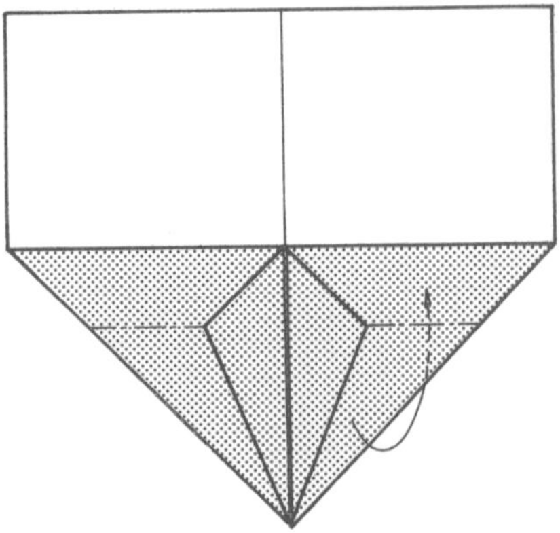

11 図の角度でかぶせおり（途中図参照）。

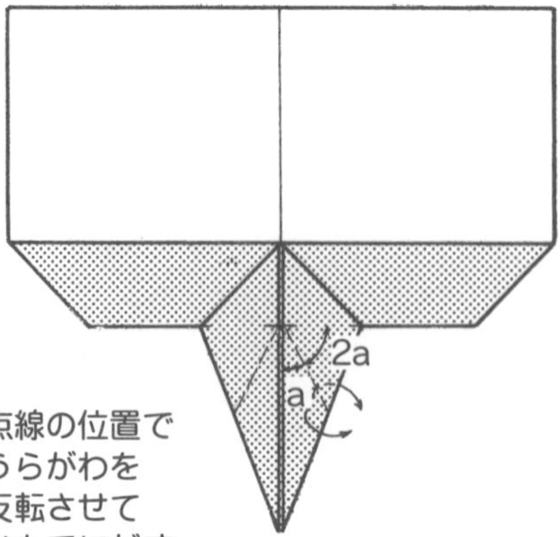

点線の位置で
うらがわを
反転させて
おもてにだす。

12 途中図。

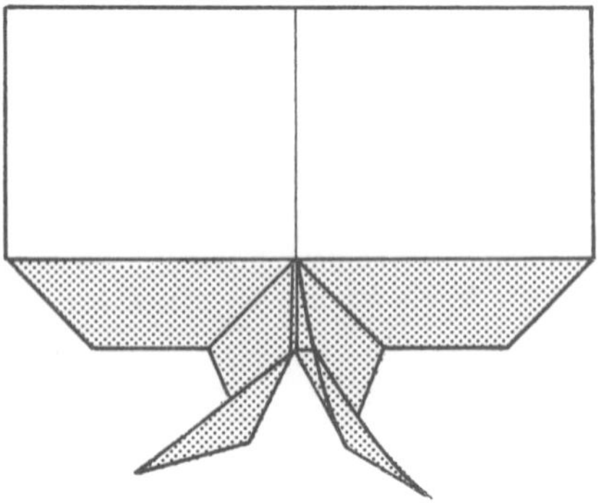

13 半分におる。

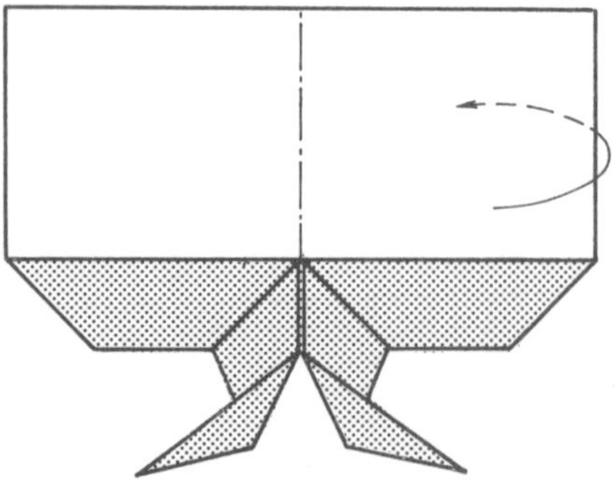

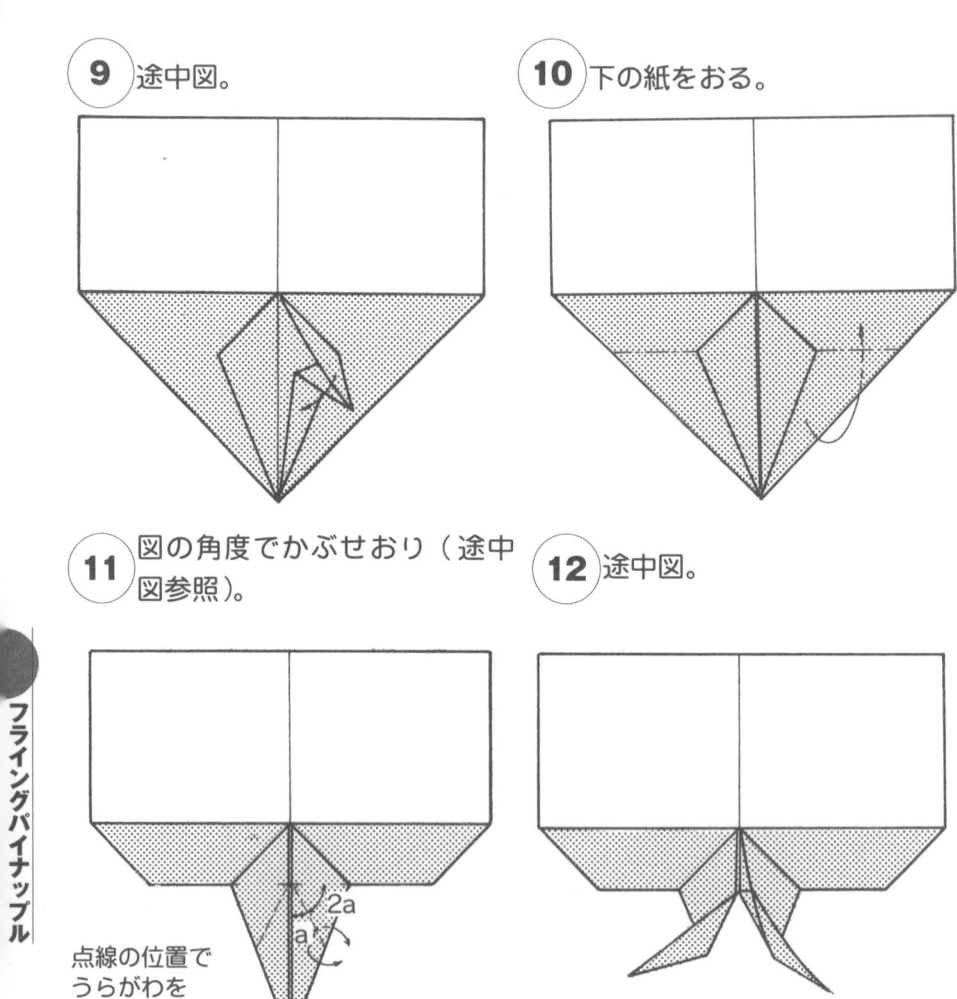

14 翼をおる。反対がわも同様に。〃は同じはば。

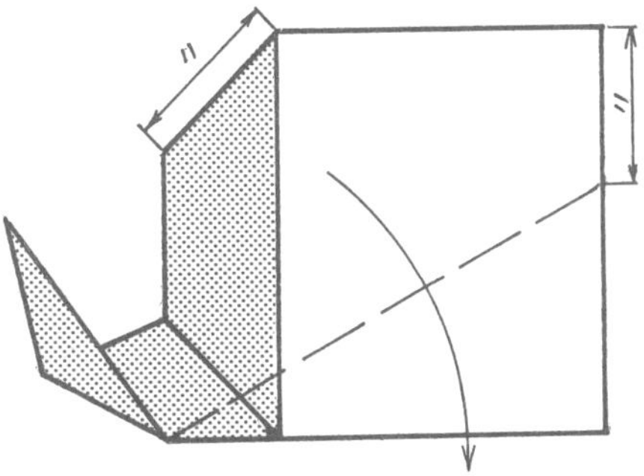

15 3面図のように開く。

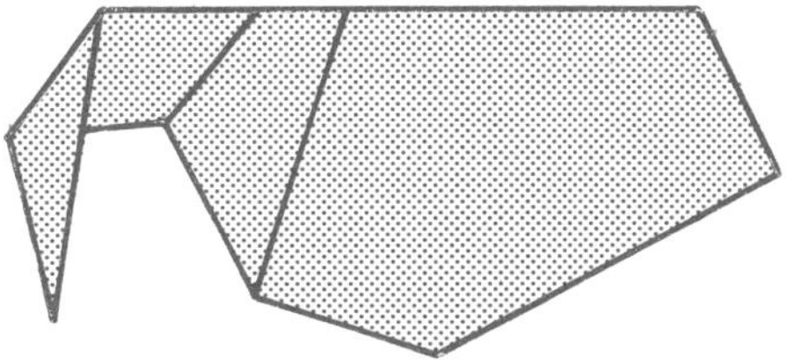

おれたらチェック！ フライングパイナップル3面図

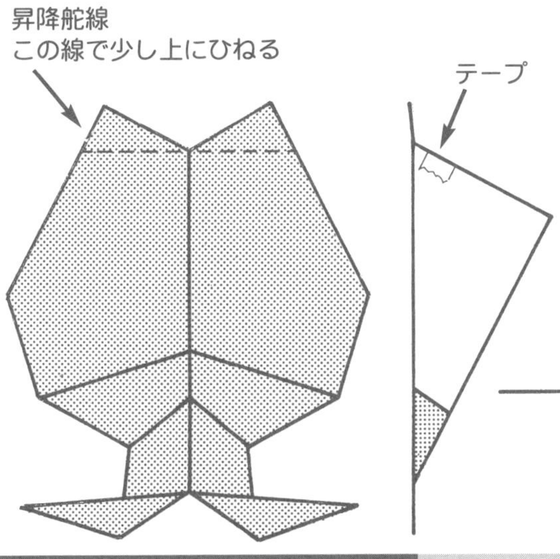
昇降舵線
この線で少し上にひねる
テープ

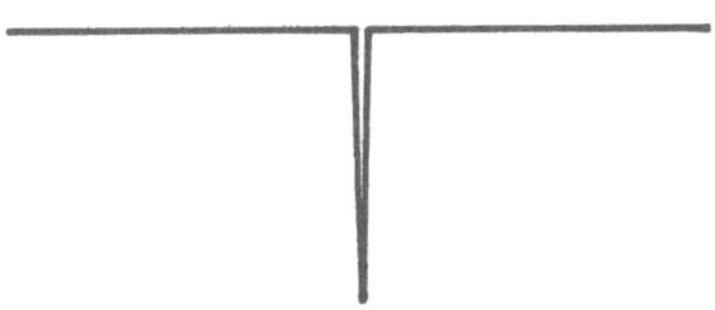
正面図

飛ばし方……Aタイプ

11 マウス

これはどう見てもねずみでしょう。主翼か補助翼か胴体かはっきりしない形で、この飛行を航空力学的に説明してくれと言われたら、はっきりいって無視したいところです。本を出版するとこのような質問をたくさんいただきます。それも返信用封筒入りで。３ヶ月かけて回答したこともありました。仕事ができません。どうか許してください。

1

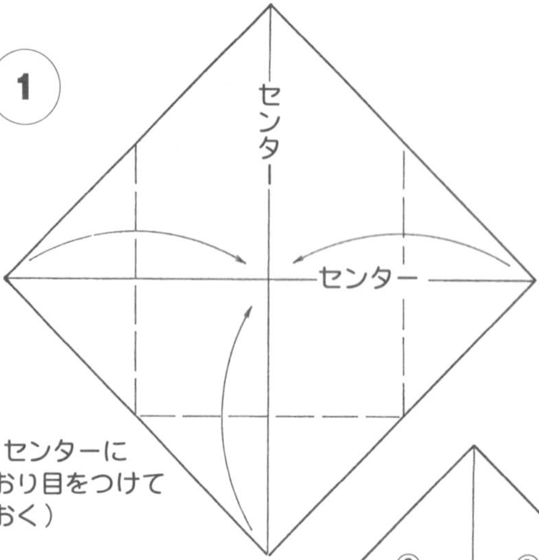

（センターにおり目をつけておく）

2 ①②の順でおってもどす。

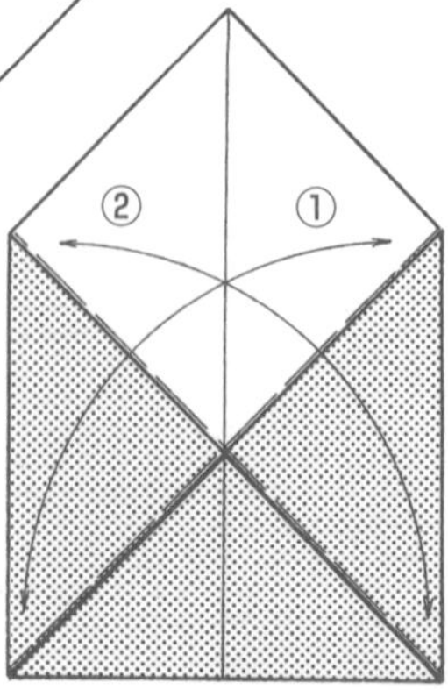

3 印に合わせておる。

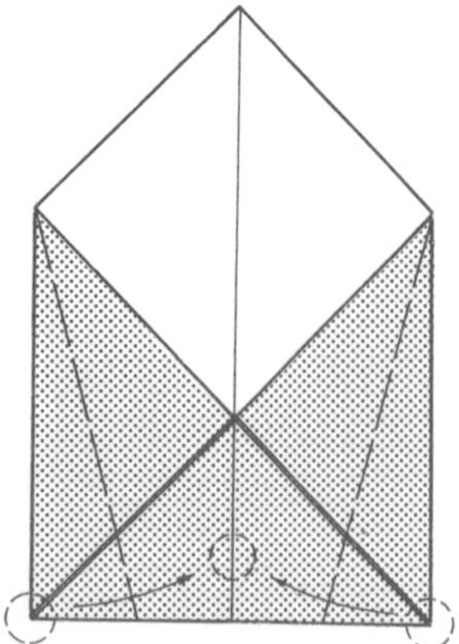

4

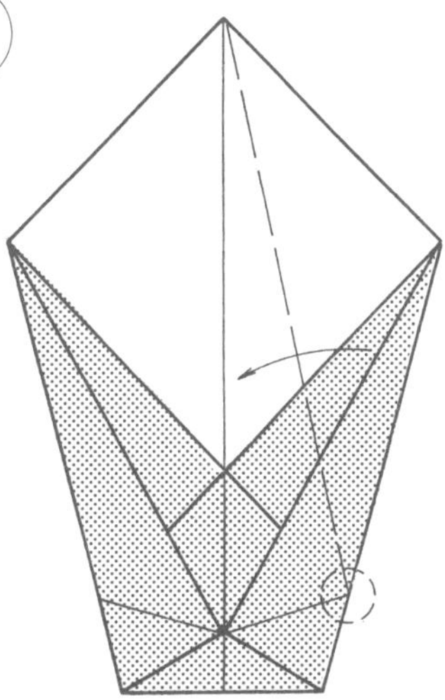

5

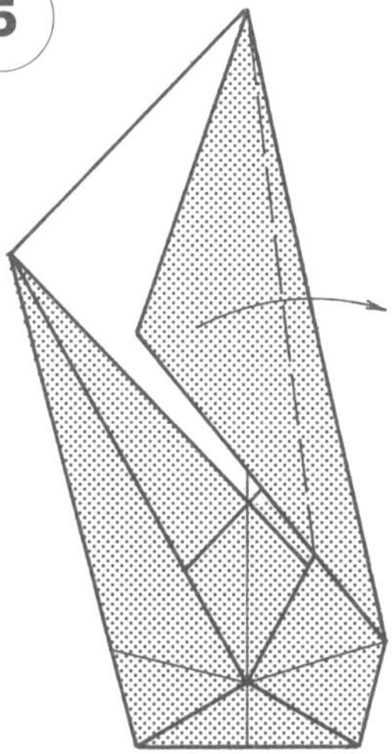

6 いったん開く。

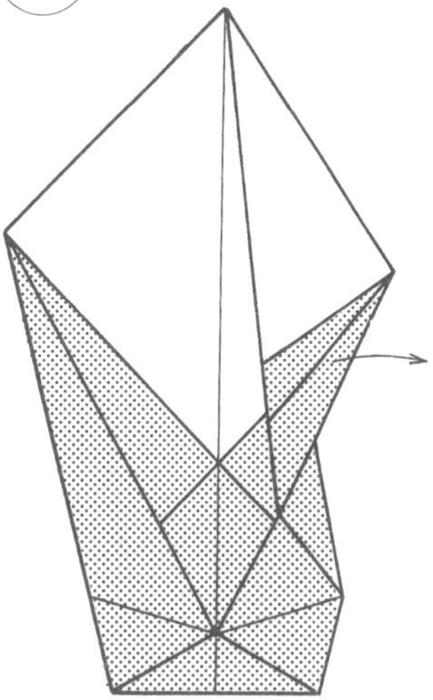

7 途中図を参考に2段中わりおり（p8参照）。

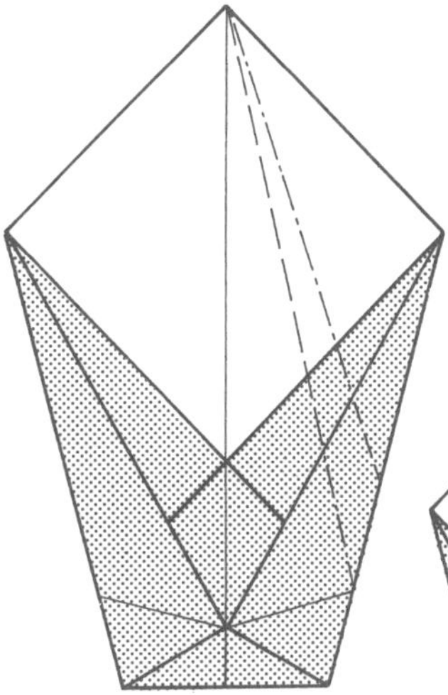

8 途中図。

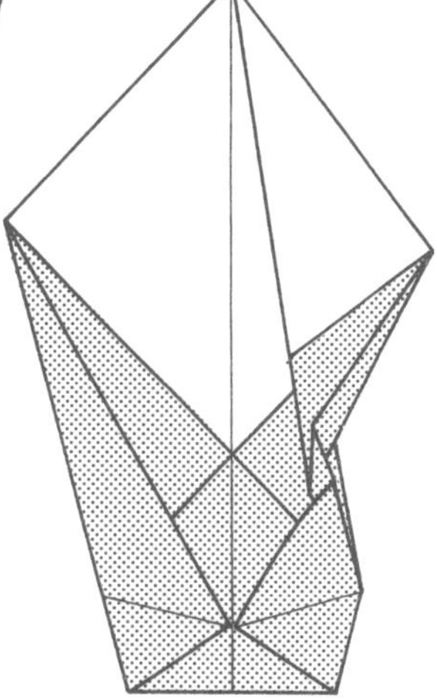

9 ◯を支点に下に引きよせる。

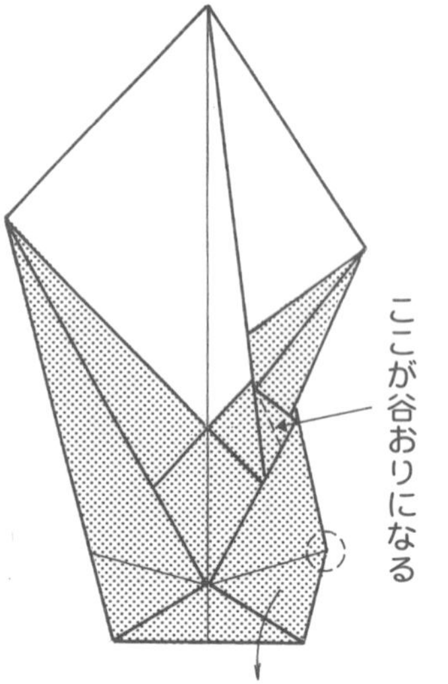

10 左がわも同様におる（4〜9参照）。

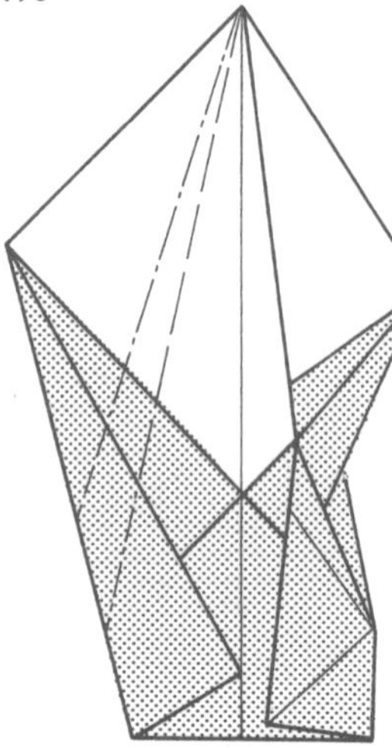

11

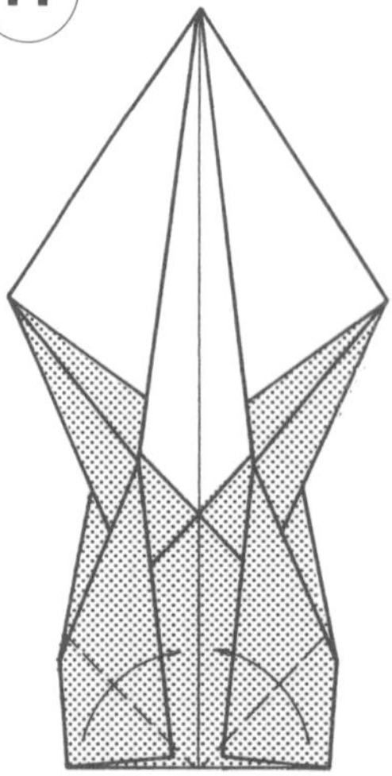

12 図の位置でおる。

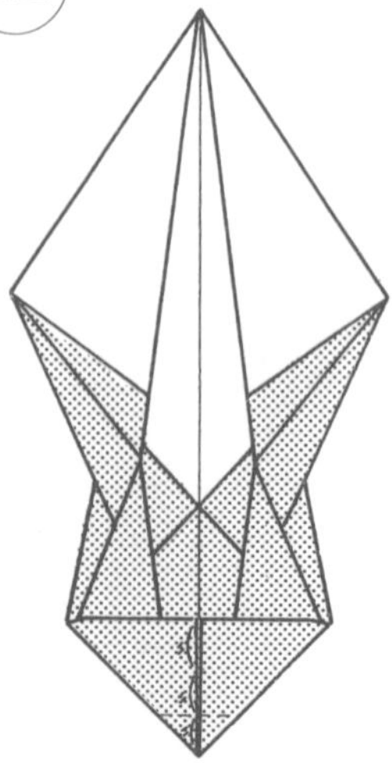

13 半分におる。

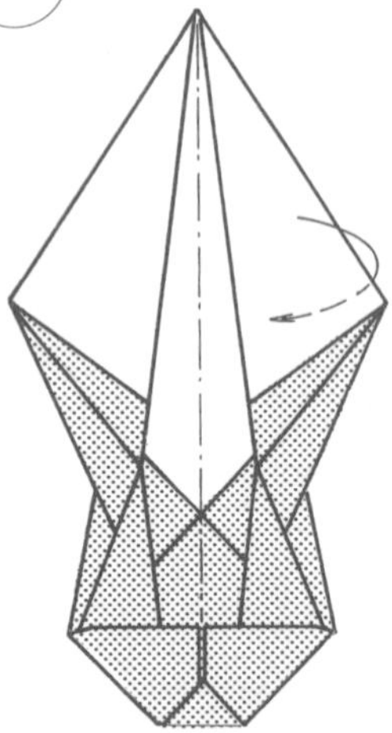

14 図の角度でおる。

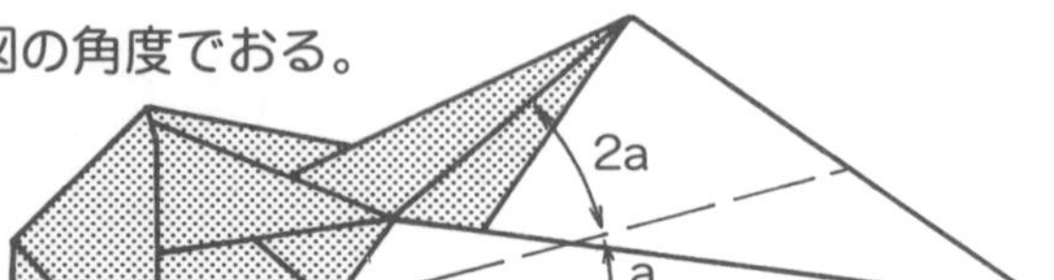

15 もどす。

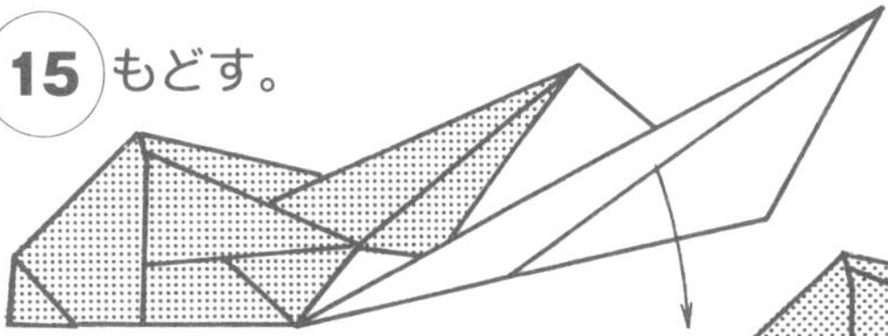

16 中わりおり（p8参照）。

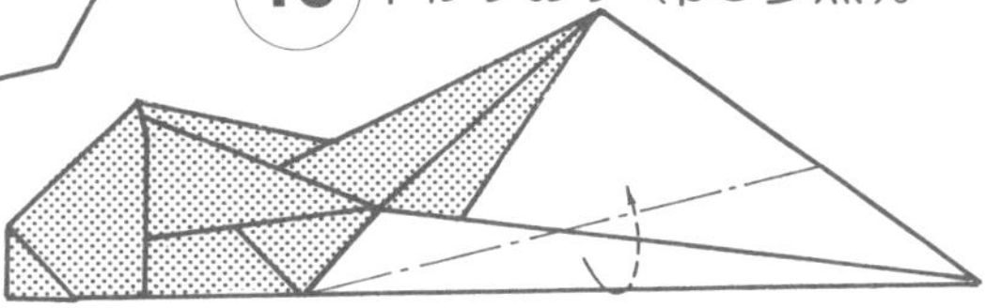

17 途中図。

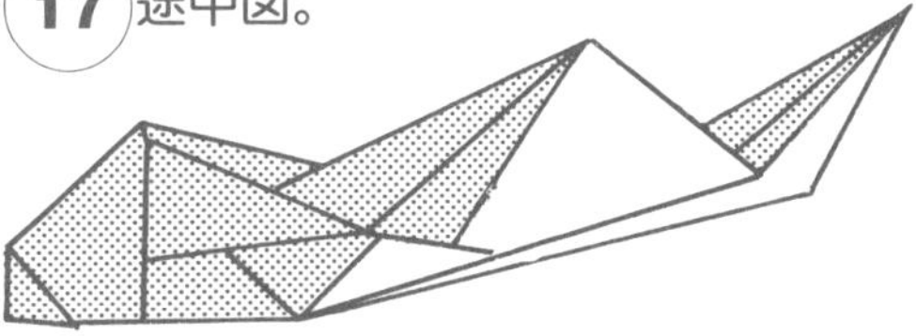

Z Z Z

18 図の位置で翼をおる。
反対がわも同様に。

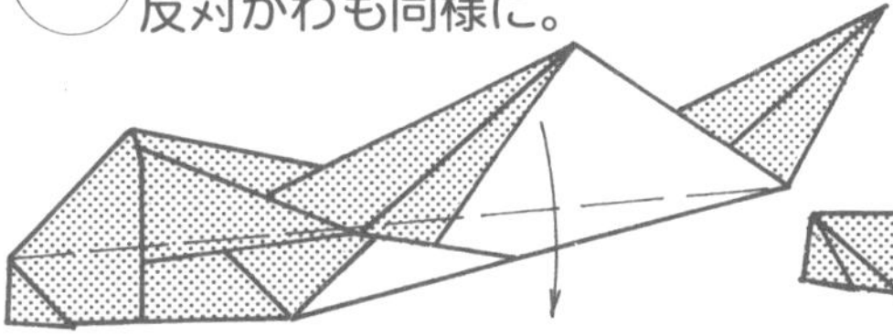

19 3面図のように開く。

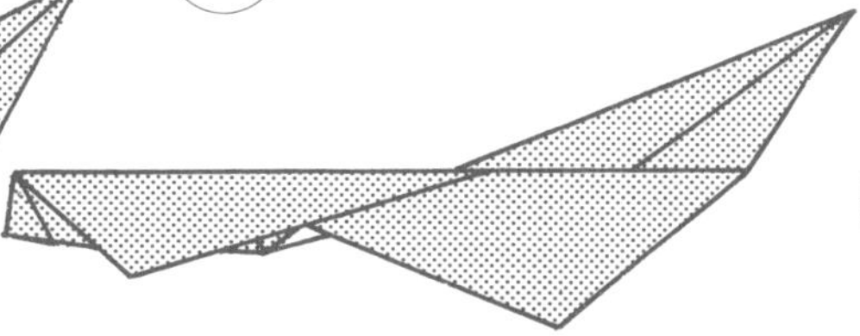

おれたらチェック！ マウス3面図

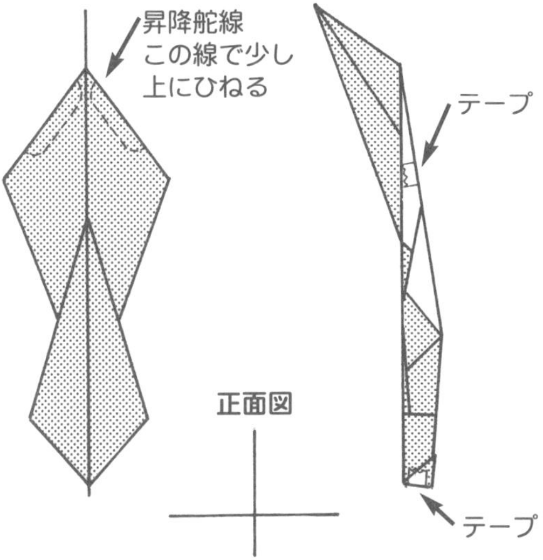
昇降舵線
この線で少し
上にひねる
テープ
正面図
テープ

Check!

飛ばし方……Bタイプ

12 ライオンモス

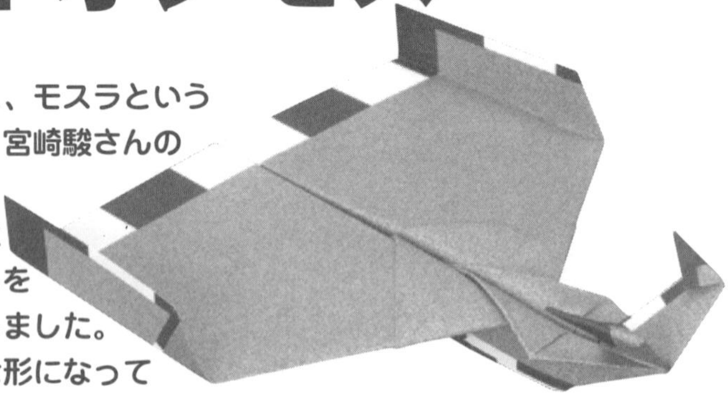

蛾のような形なのでモス、モスラという怪獣映画があったのと、宮崎駿さんのアニメにタイガーモスという飛行機が出てきたのとを思い出し、向こうを張ってライオンモスとしました。それにしてもへんてこな形になってしまいました。これにさらにけばけばしい模様をほどこせば蛾らしくなります。軽やかに美しくというイメージからは遠ざかりますが……。

1 おってもどす。

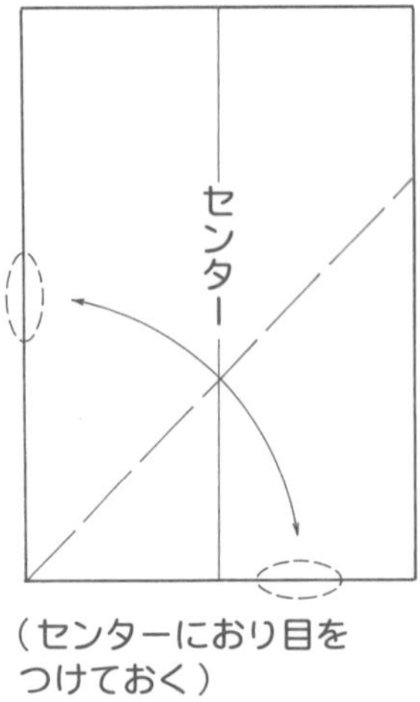

（センターにおり目をつけておく）

2 おってもどす。

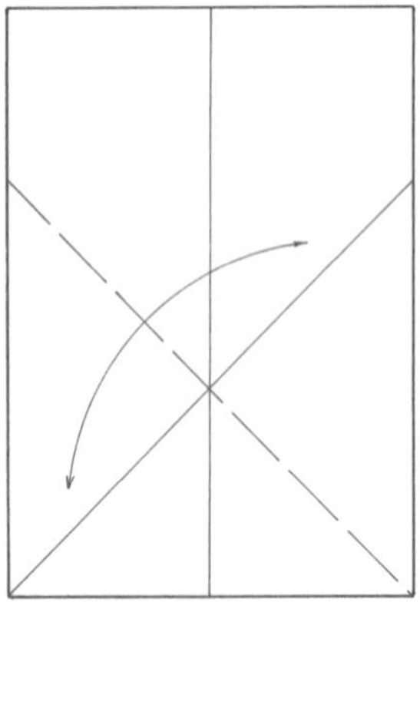

3 おってもどす。

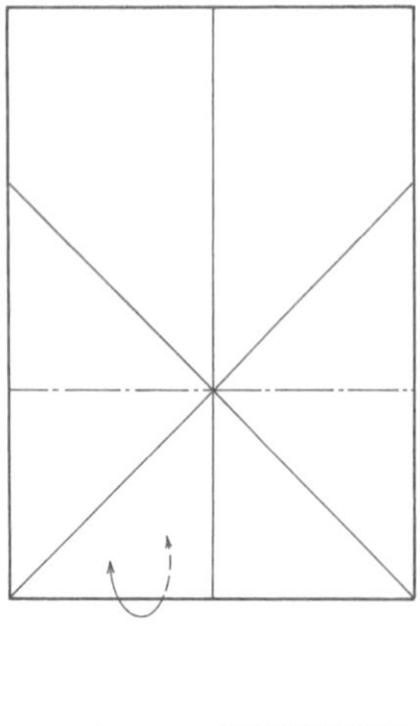

4 途中図を参考におる。

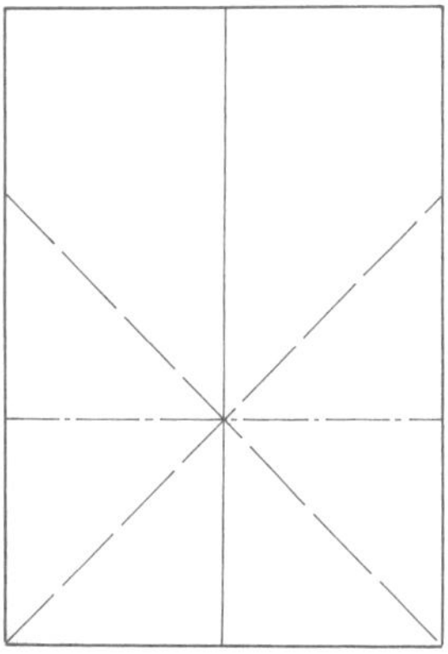

5 途中図。

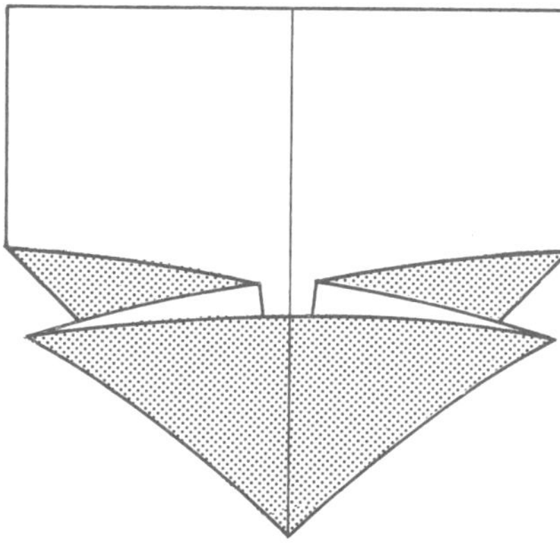

6 上の紙だけおる。

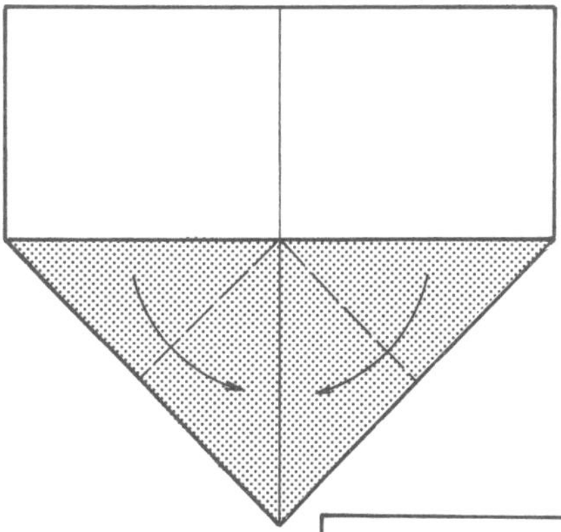

7 おってもどす。

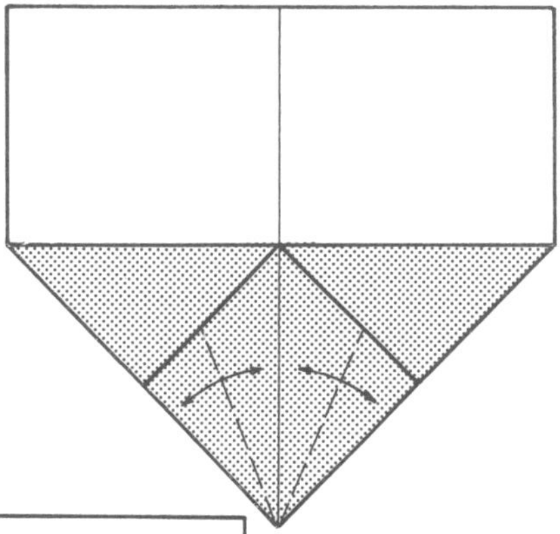

8 途中図を参考に中わりおり（p8参照）。

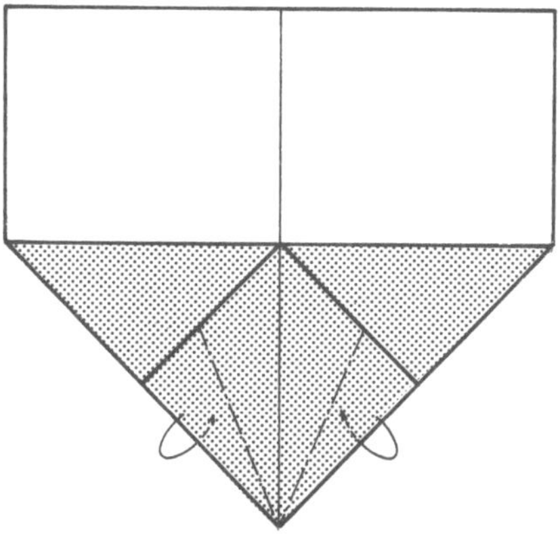

9 途中図。

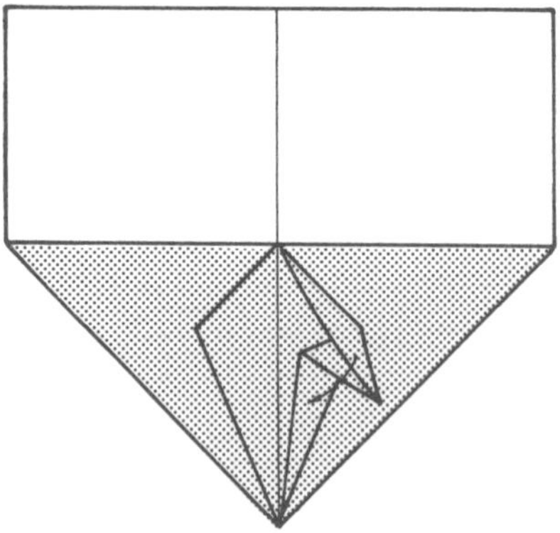

10 下の紙をおる。

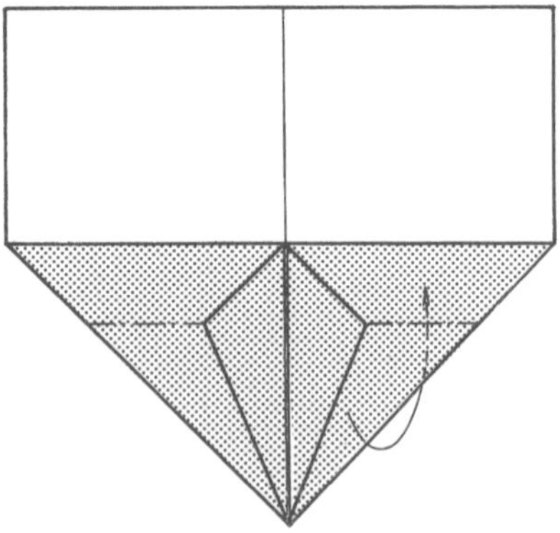

11 途中図を参考に図の位置でおる。

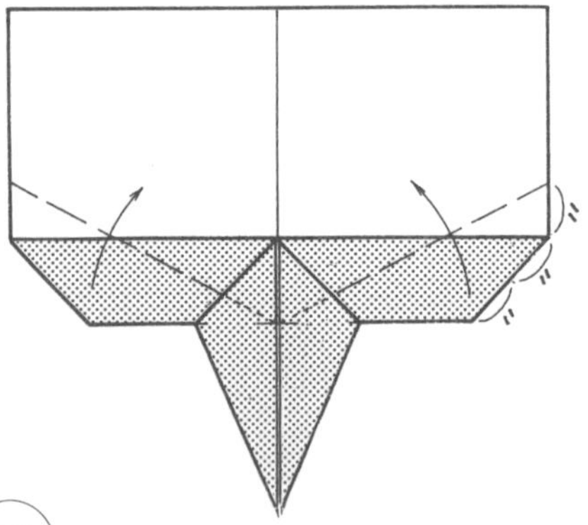

12 途中図。

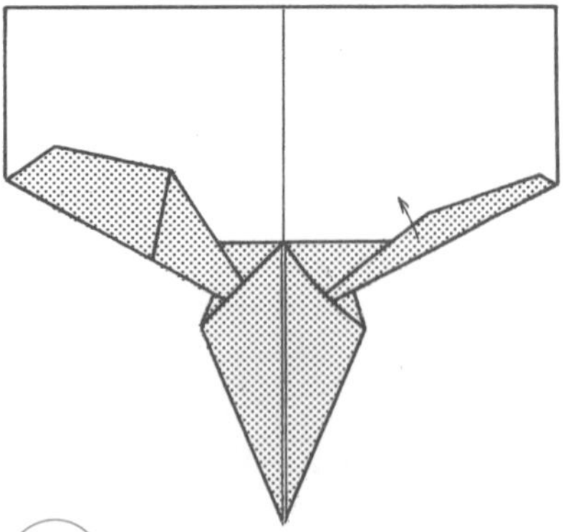

13

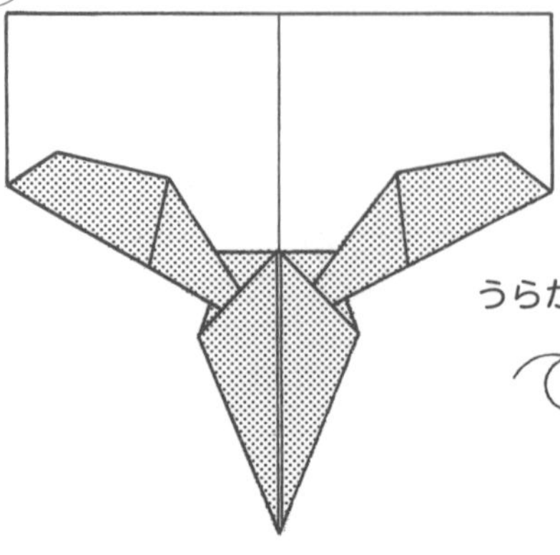

うらがえす

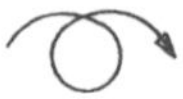

14 図の角度でおる。

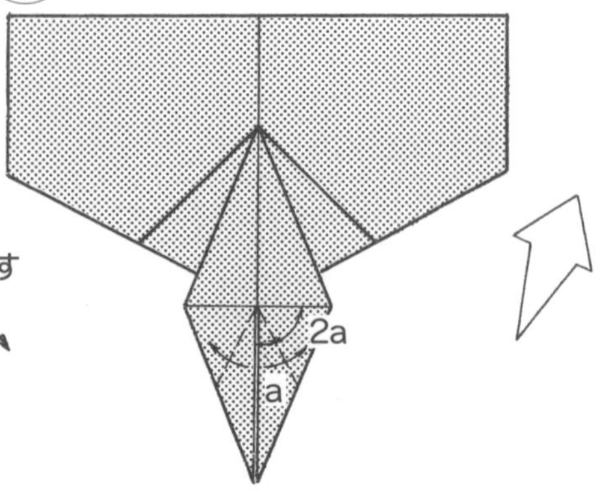

15 14の後、先端部分を図のようにおっていく。

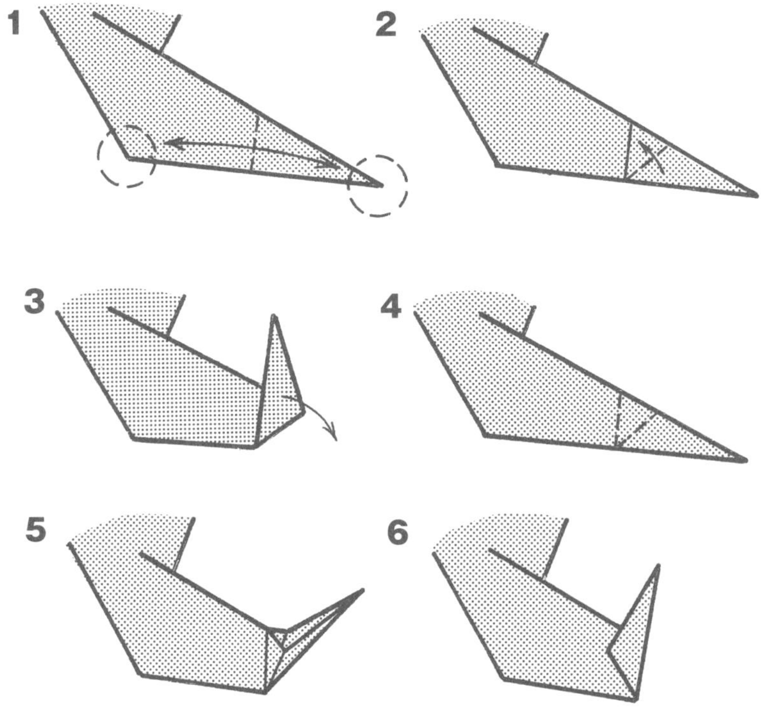

16 半分におる。

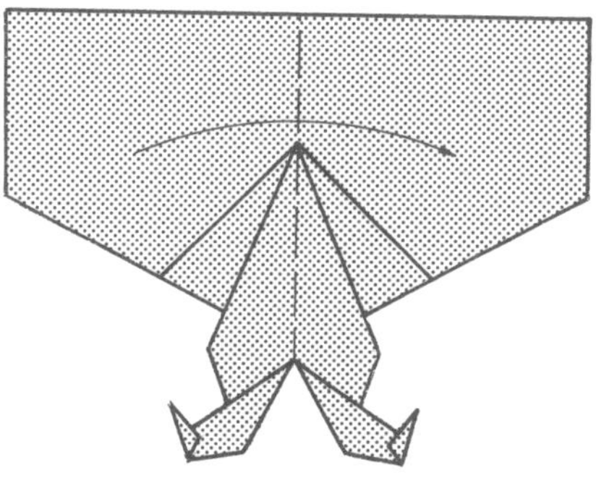

17 同じはばで翼をおる。反対がわも同様に。

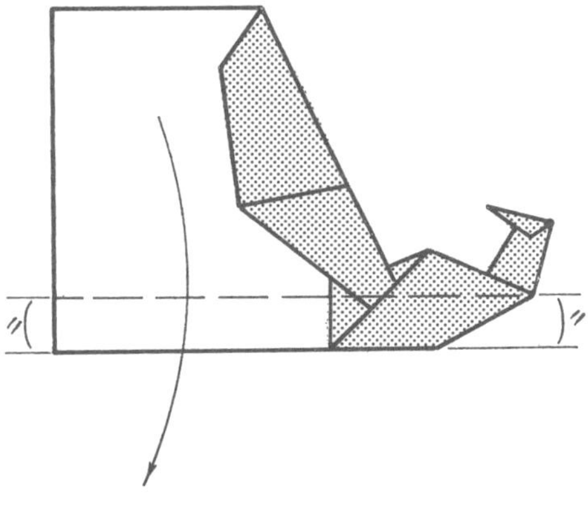

18 同じはばでおる。

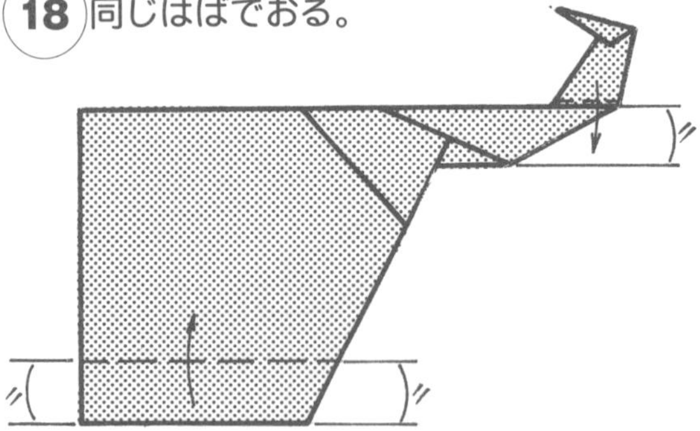

19 ３面図のように開く。

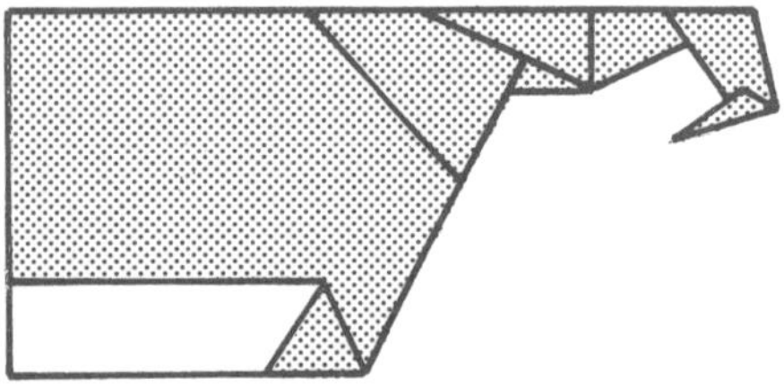

おれたらチェック！　ライオンモス3面図

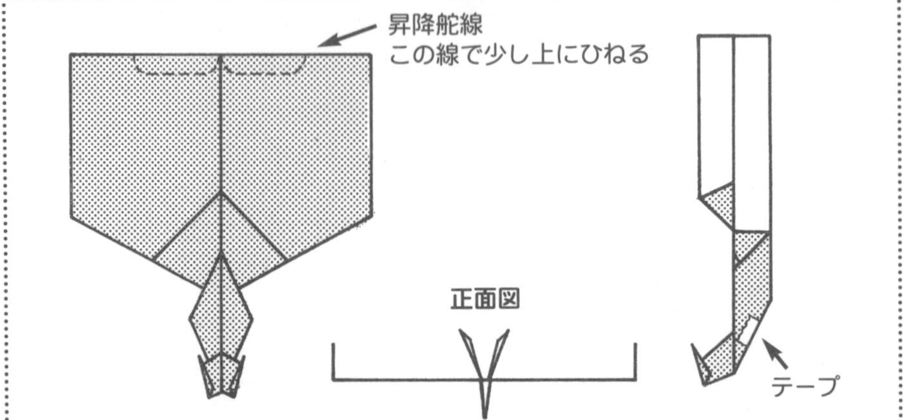
昇降舵線
この線で少し上にひねる
正面図
テープ

飛ばし方……Aタイプ

13 かものはし

ユニークな動物のかものはしをおり紙ヒコーキにしてみました。さしずめ空中を泳ぐかものはしですね。それにしても、どうしてあんなにくちばしが出ているのでしょうか。またどうして「かものはし」なのでしょうか。知っている人がいたら教えてください。かものはしのおり方は少しむずかしいところもありますが、注意して辛抱強くおり進めていけば必ずできます。

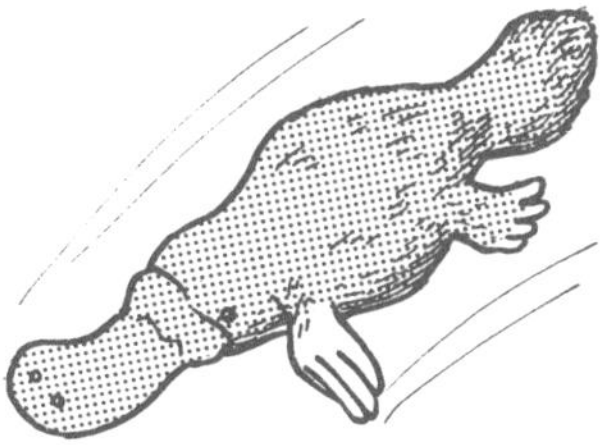

1 ①②③の順でおり目をつけていく。

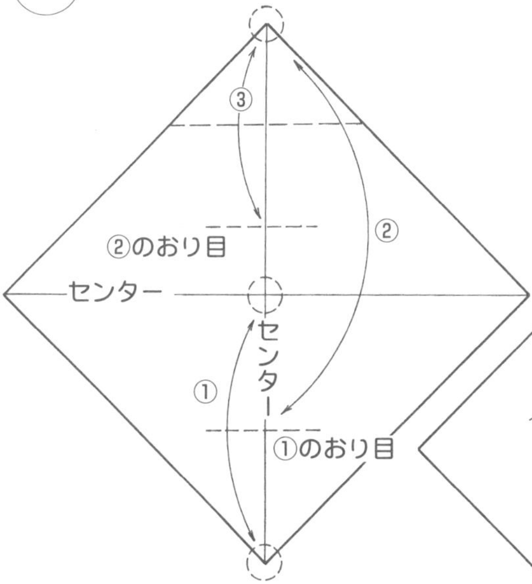
③
②
②のおり目
センター
センター
①
①のおり目

（センターにおり目をつけておく）

2

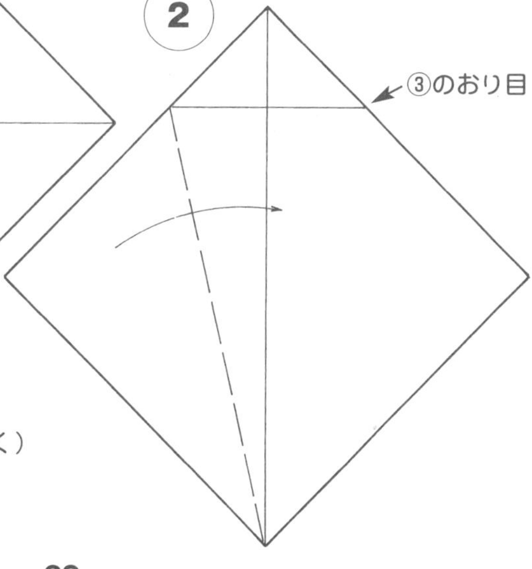
③のおり目

3

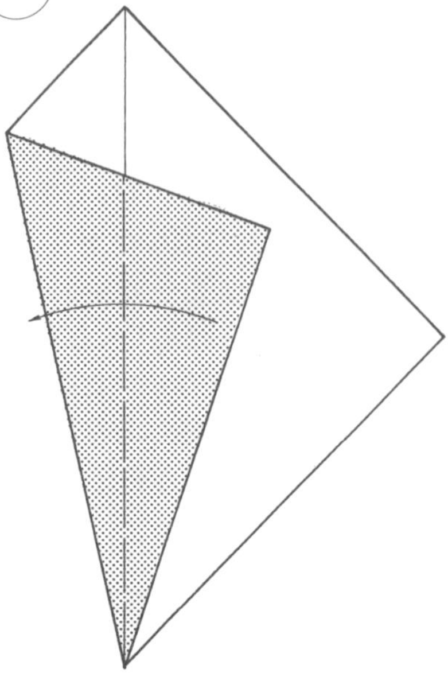

4 右がわも同様におる。

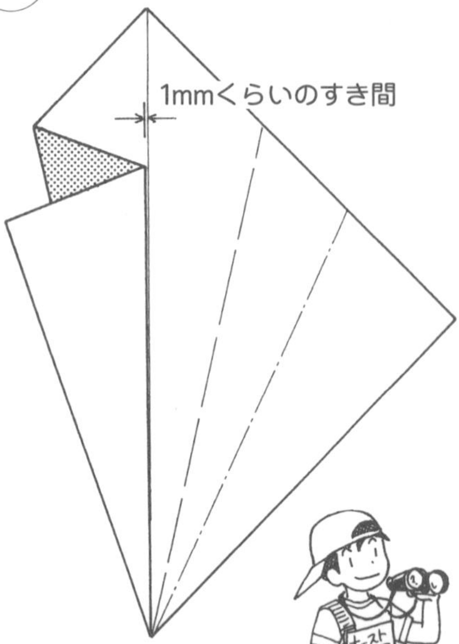
1mmくらいのすき間

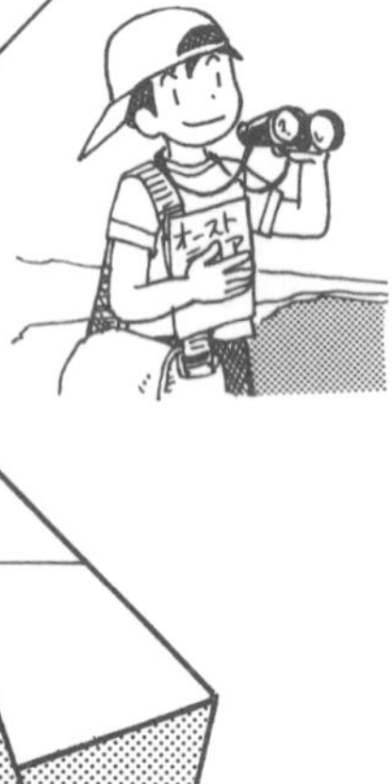

5 ①のおり目に合わせて②をおる。

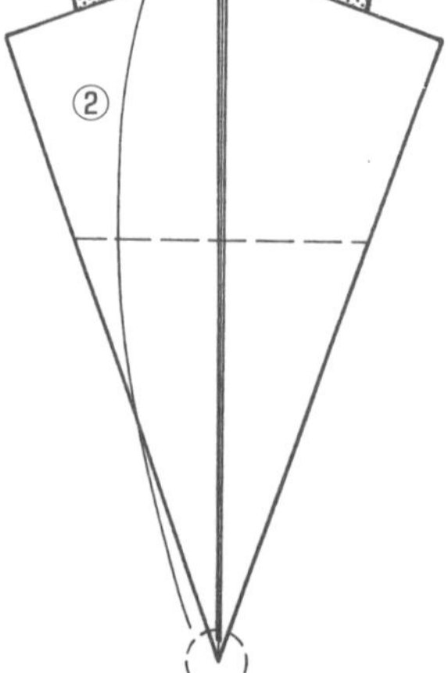
①
①のおり目
②

6

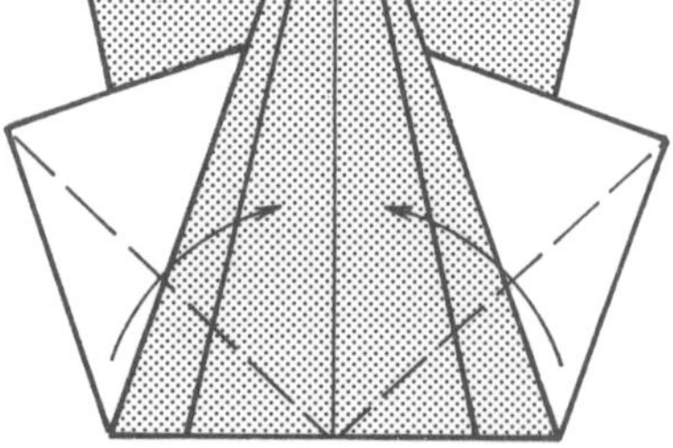

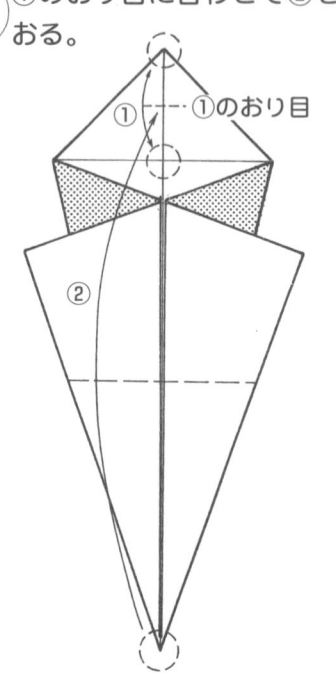

7 もどす。

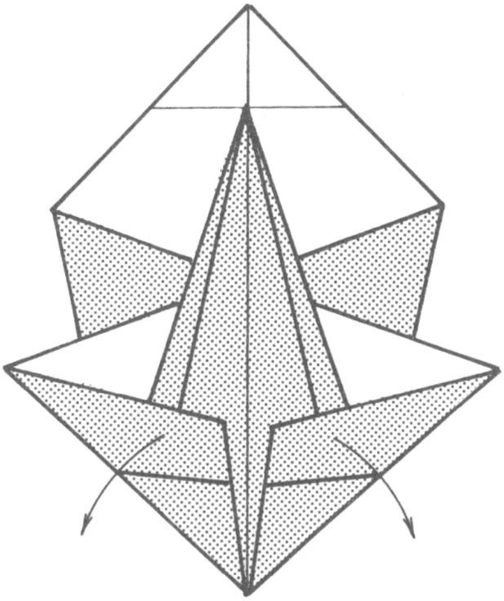

8 中わりおり（p8参照）。

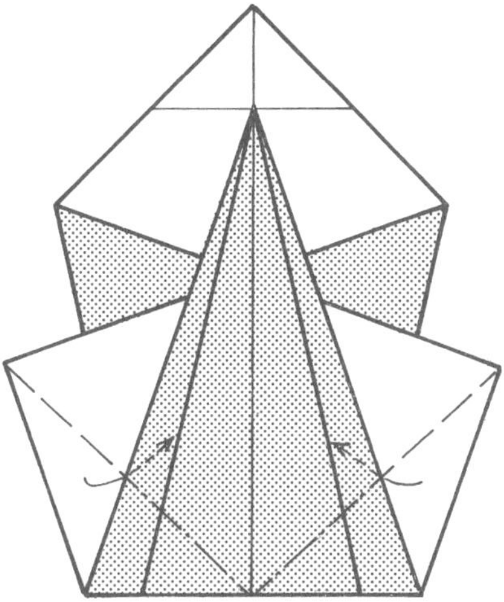

9 内がわから１枚だけ引き出す。

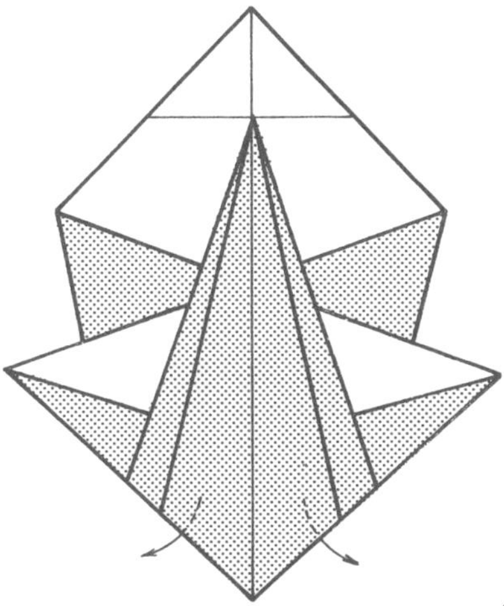

10 途中図。

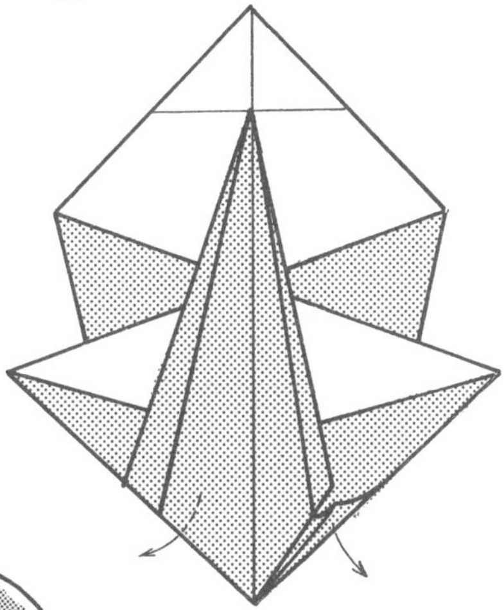

11 途中図を参考におる。

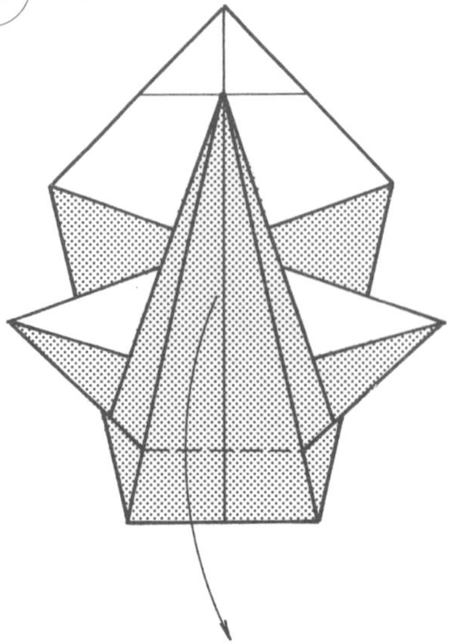

12 途中図。

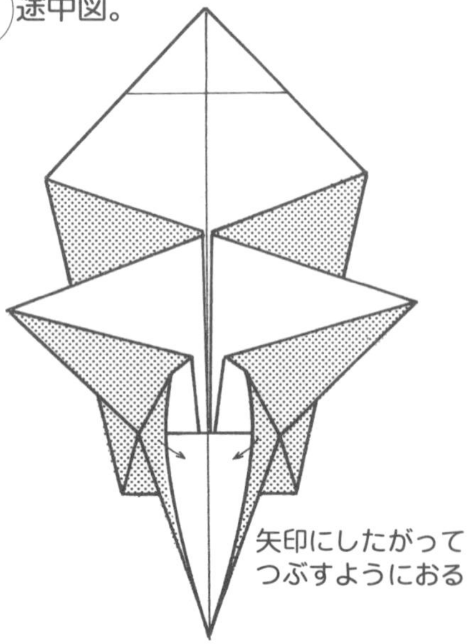

13 ①②③の順でおる。①は内がわに、②はすき間に入れこむ。

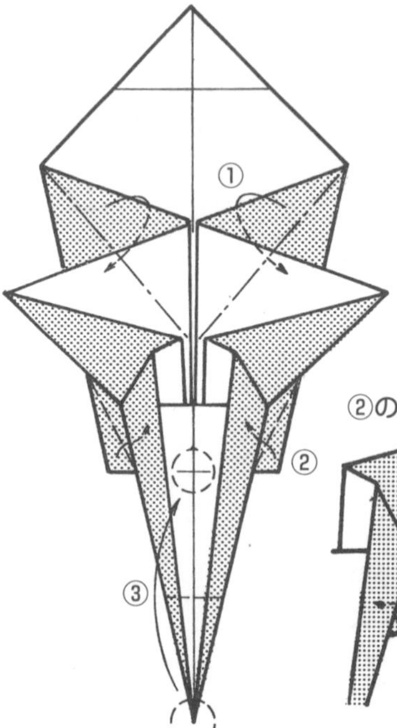

②の途中図

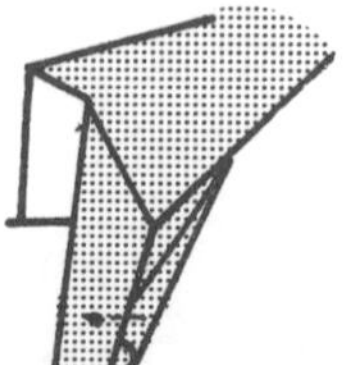

14 半分におる。

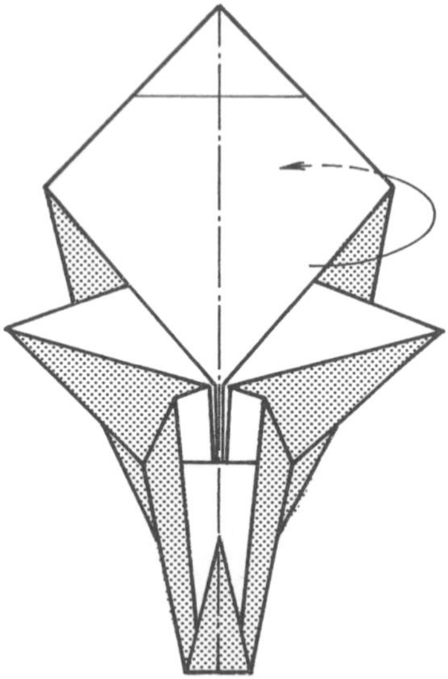

15 中わりおり（p8参照）。

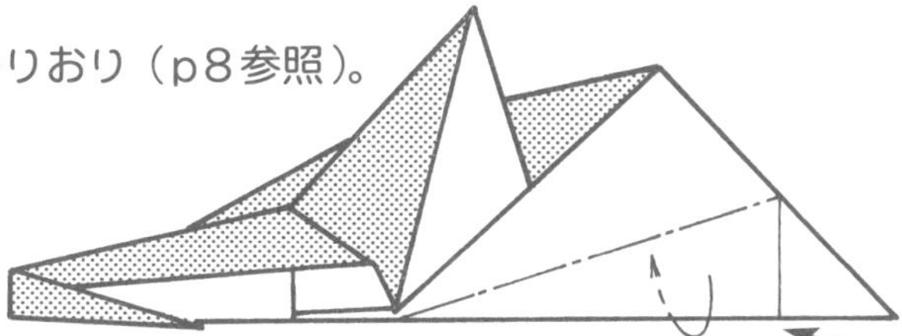
5でつけたおり目

16 図の位置で翼をおる。
反対がわも同様に。

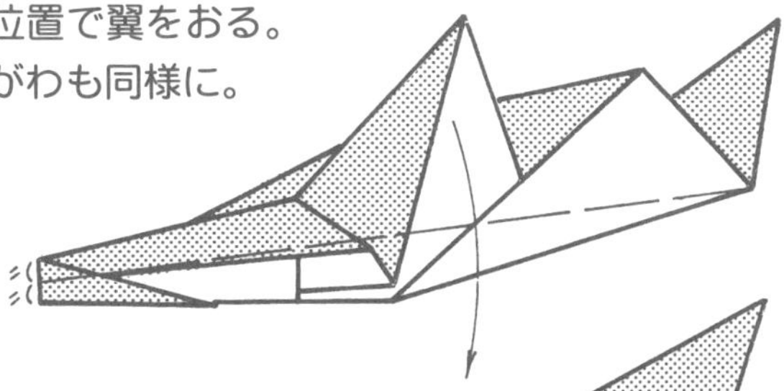

17 ３面図のように開く。

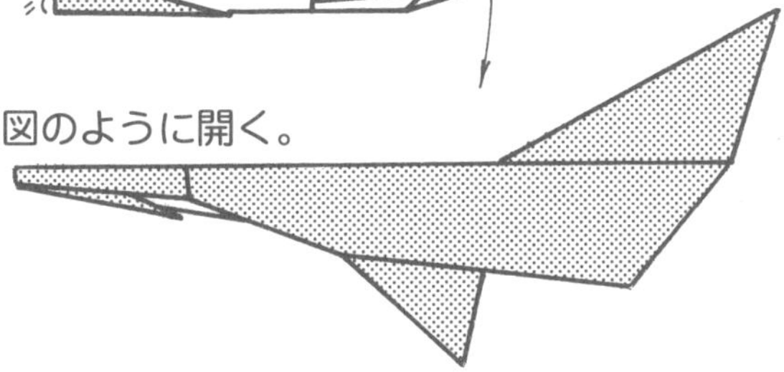

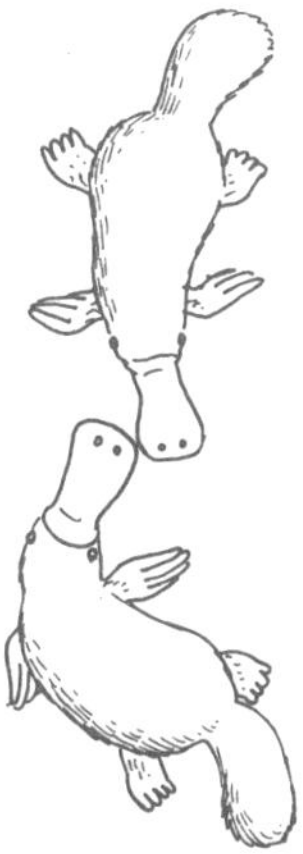

おれたらチェック！　かものはし3面図

昇降舵線
この線で
少し上にひねる
テープ
正面図
テープ

Check

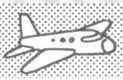

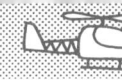

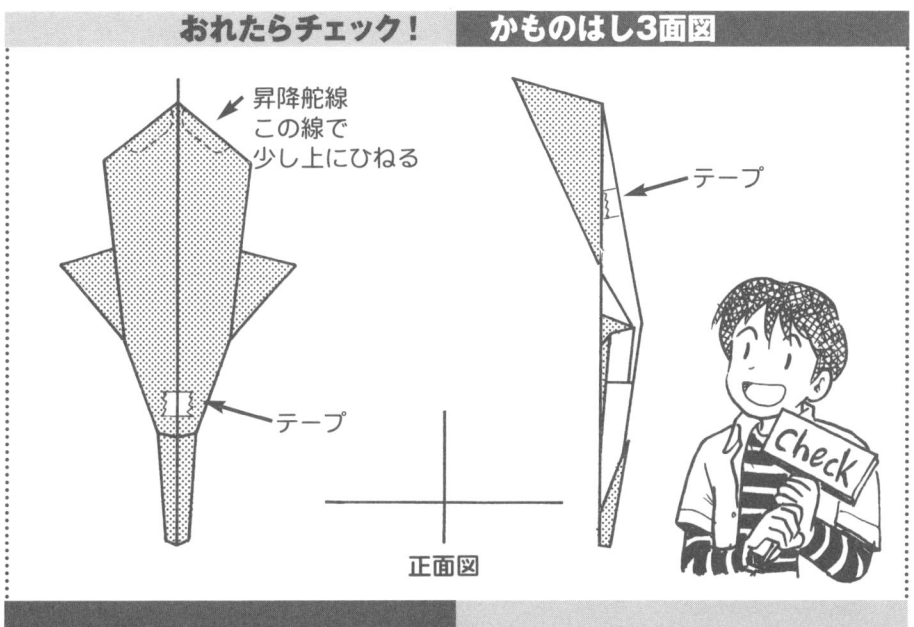

飛ばし方……Bタイプ

14 怪獣ギャラス

昔、ギャオスという怪獣が映画に出ていたなという記憶を形にしてみました。好きな人は「あ、あれだな」とすぐにおわかりだろうと思います。紙ヒコーキ博物館に来てヒコーキを見た人はすぐに名前を言い当てます。高いところからそっと飛ばすのに向いています。

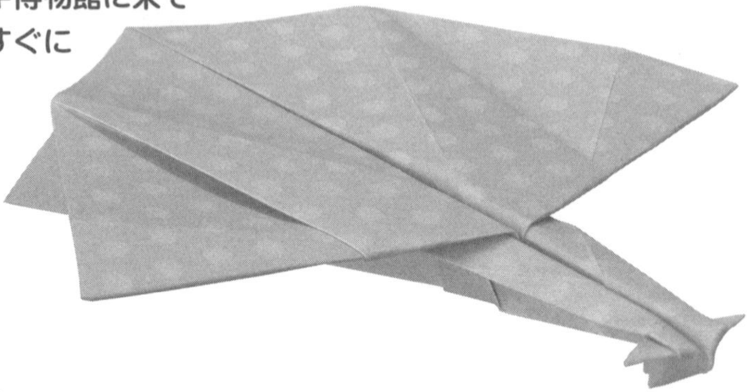

1 おってもどす。

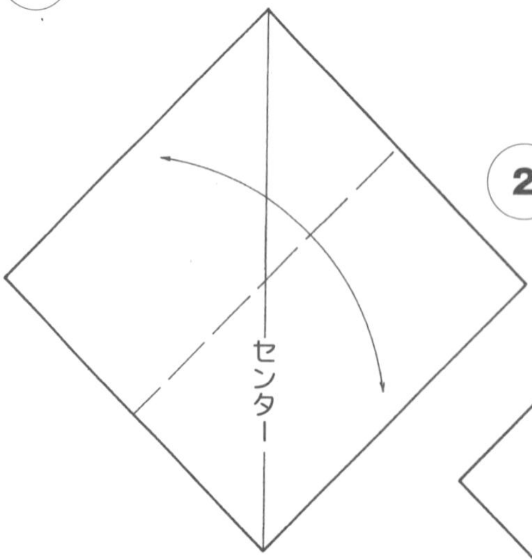

（センターにおり目をつけておく）

2 おってもどす。

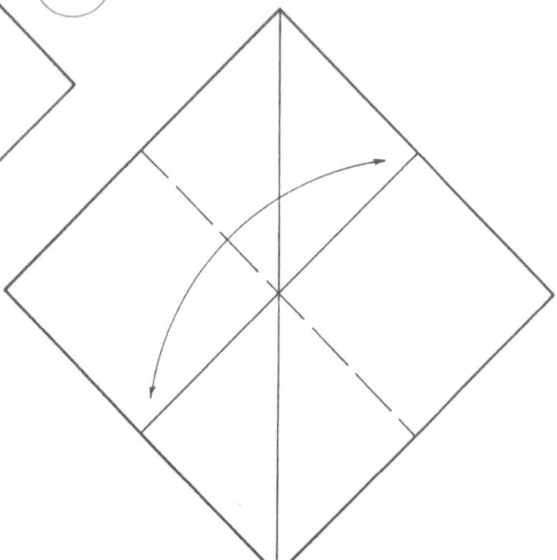

3 おってもどす。

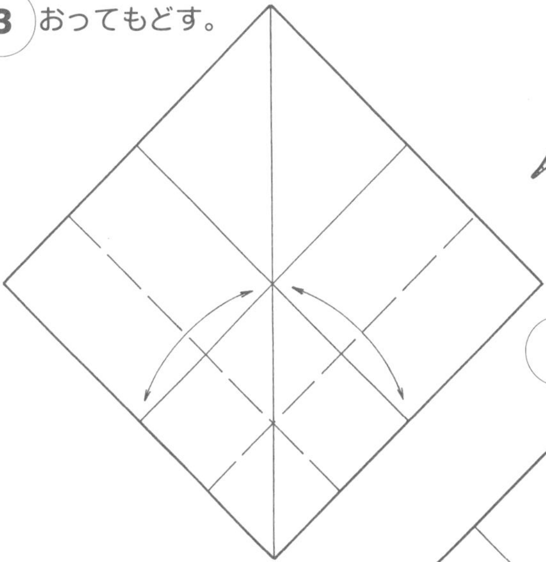

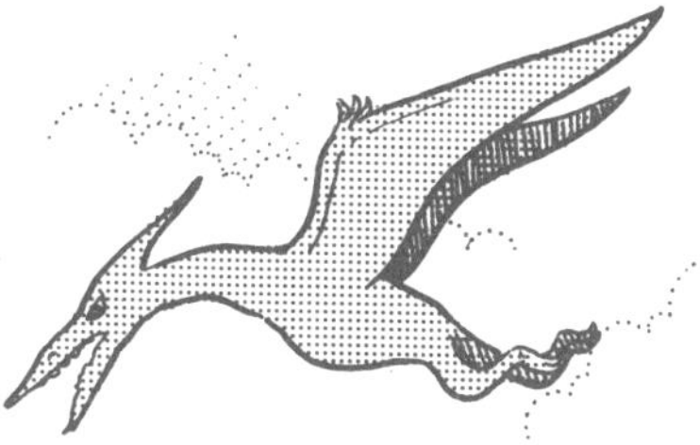

4 おってもどす。

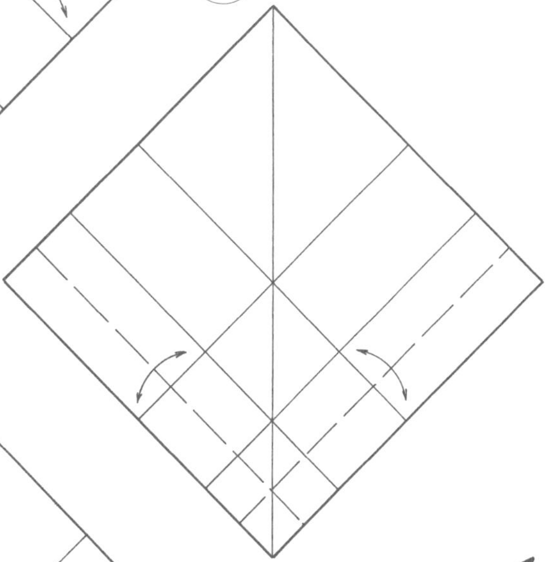

5 おってもどす。

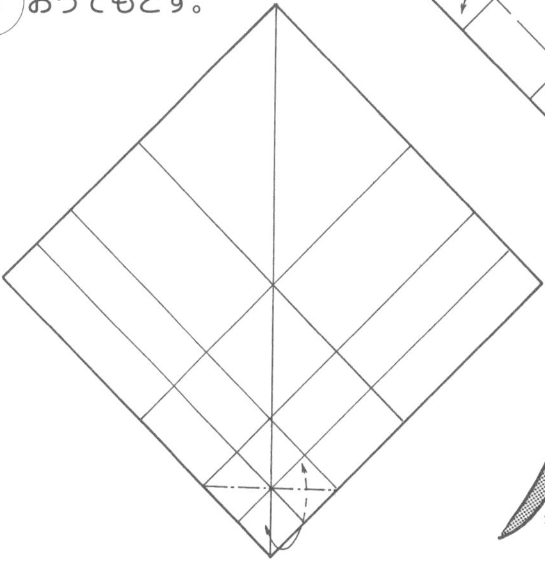

6 途中図を参考におる。

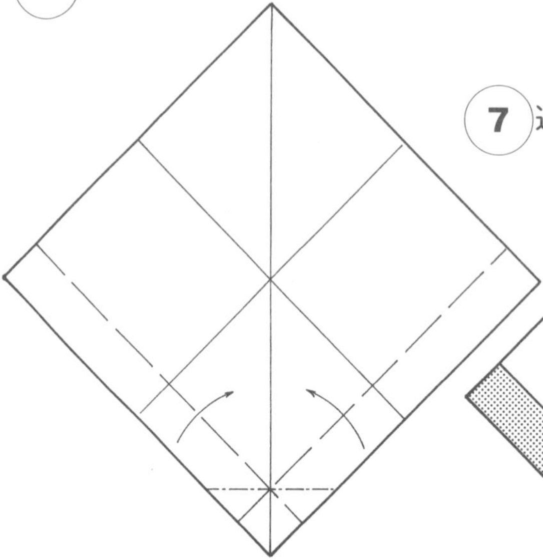

7 途中図。

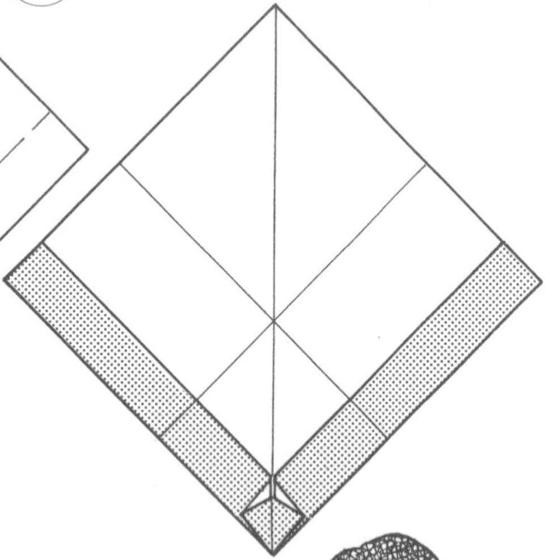

8

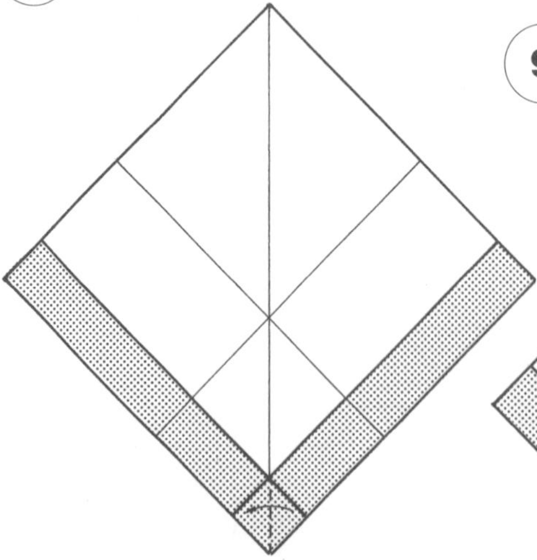

9

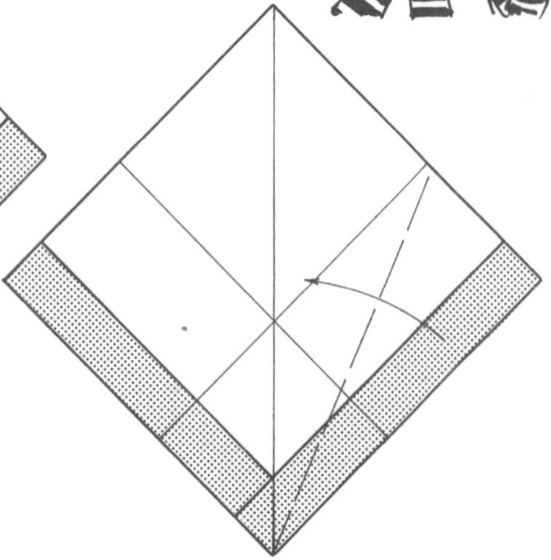

10 ①を図の位置でおる。
②は2枚ともおる。

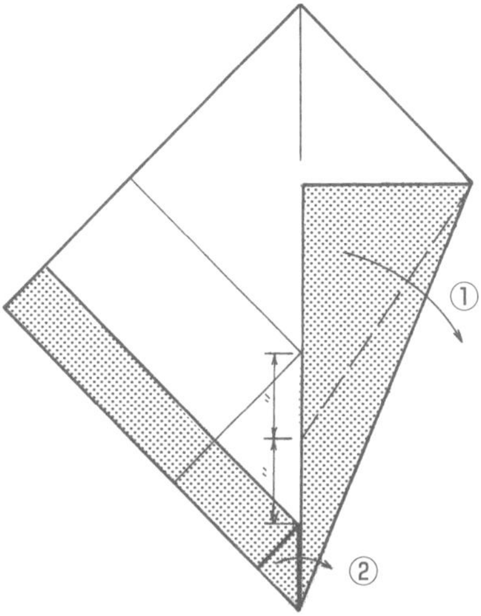

11

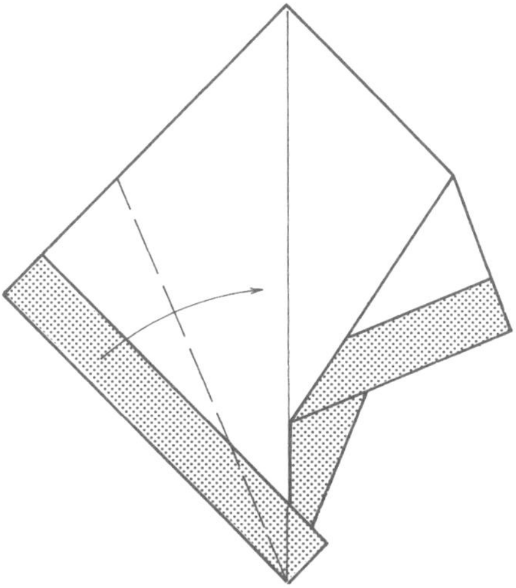

12 ②は1枚だけおる。

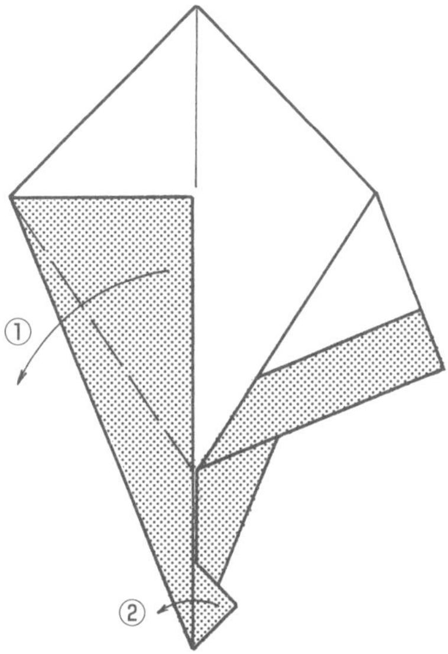

13 ①はうらがわにおる。

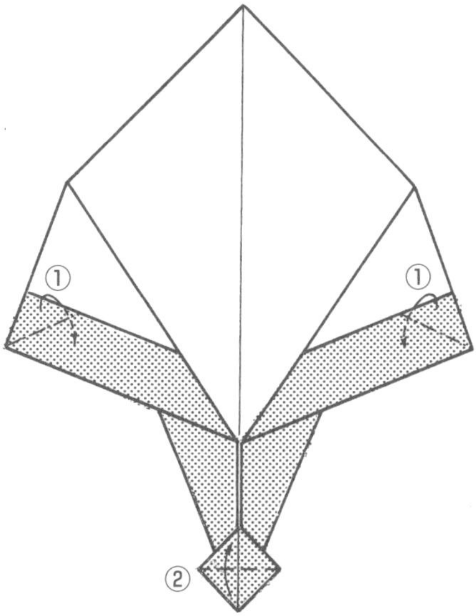

14

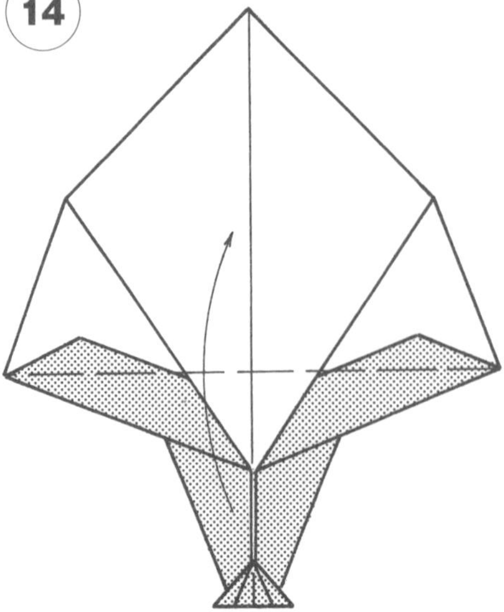

15

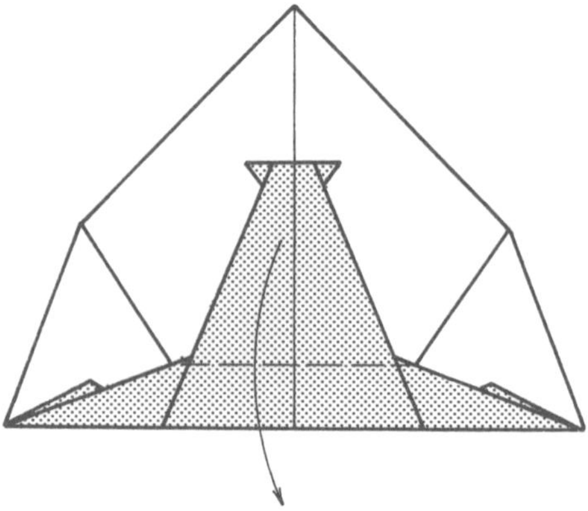

16 半分におる。

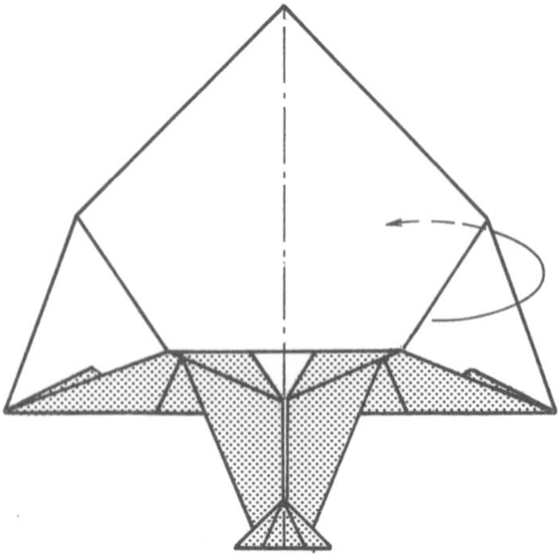

17 図の位置で翼をおる。
反対がわも同様に。

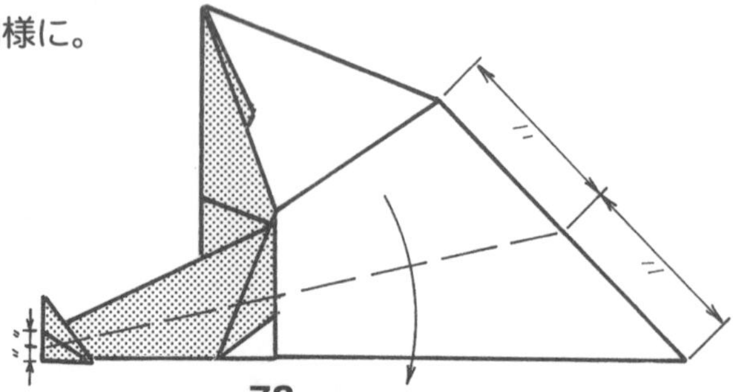

18 3面図のように開く。

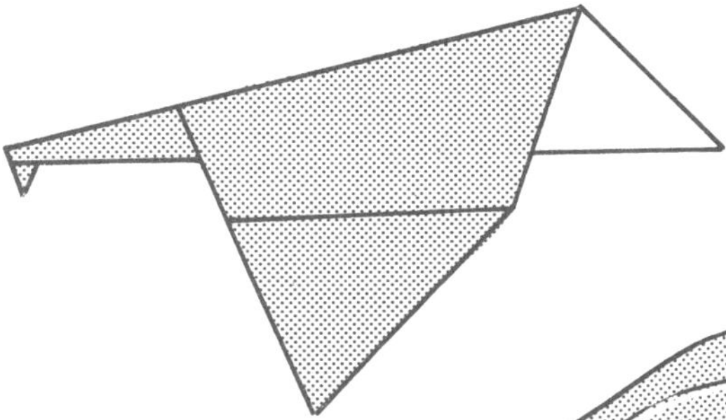

おれたらチェック！　怪獣ギャラス3面図

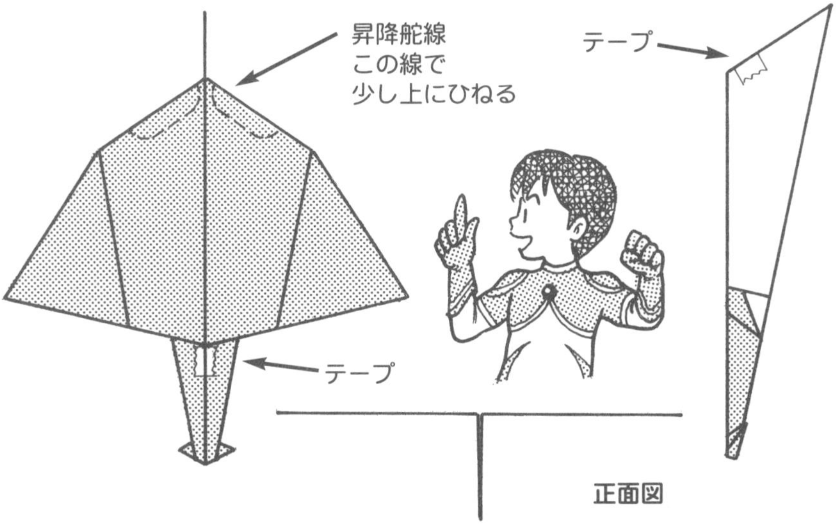

昇降舵線
この線で
少し上にひねる
テープ
テープ
正面図

飛ばし方……Bタイプ

15 バット

「黄金バット」という
アニメがありました。「バットさん、
バットさん」と助けを呼ぶと、黄金のこうもりが
あらわれ、その後に不気味な笑い声とともに主人公の
黄金バットがあらわれるのです。英語力のなかった私は、
中学生になるまでバットといえば野球のバットしかない
と思っていましたので、主人公がいつ黄金のバットを
出すのかと期待して見ていました。
残念ながらとうとう最後まで出ませんでした(当然ですが)。

1 印に合わせておる。

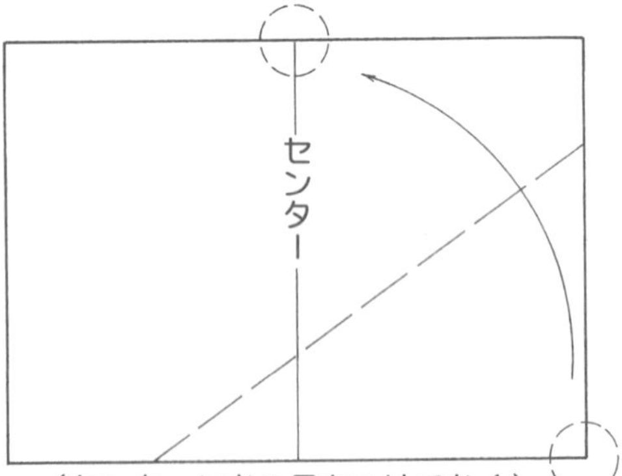

(センターにおり目をつけておく)

2 印に合わせておる。

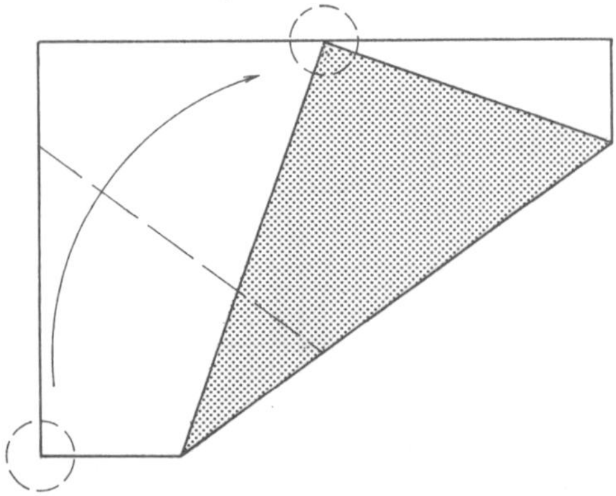

3 上の紙だけおる。

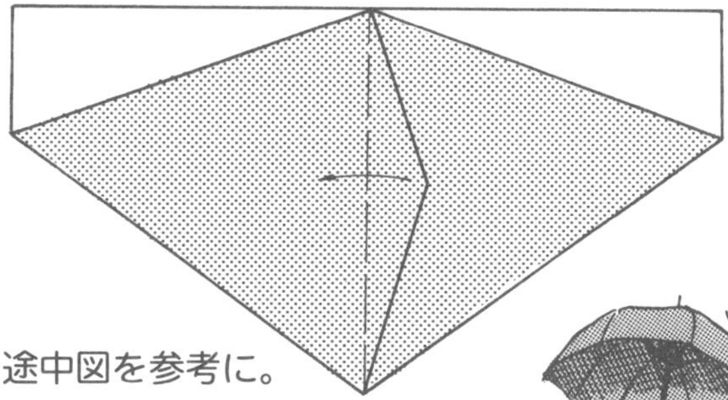

4 中から引き出す。途中図を参考に。

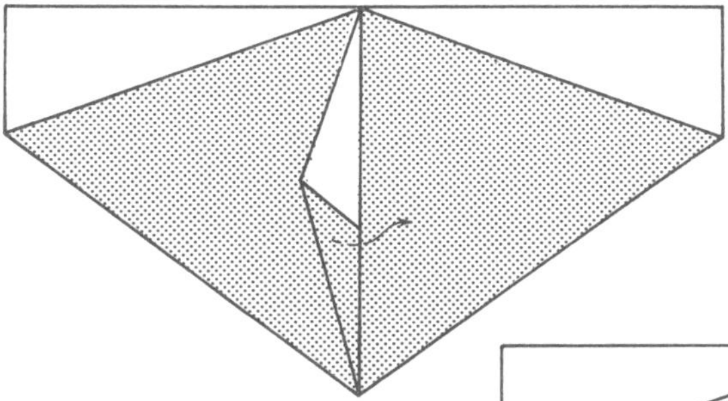

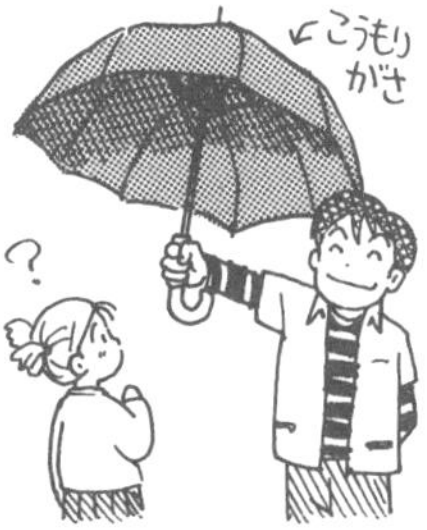

5 途中図。

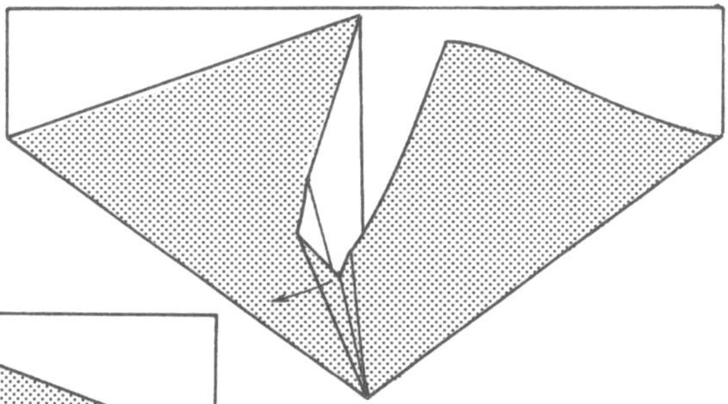

6 途中図を参考におる。

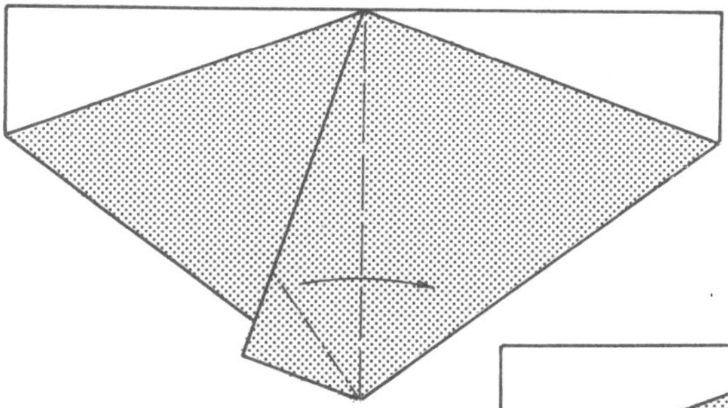

7 途中図。

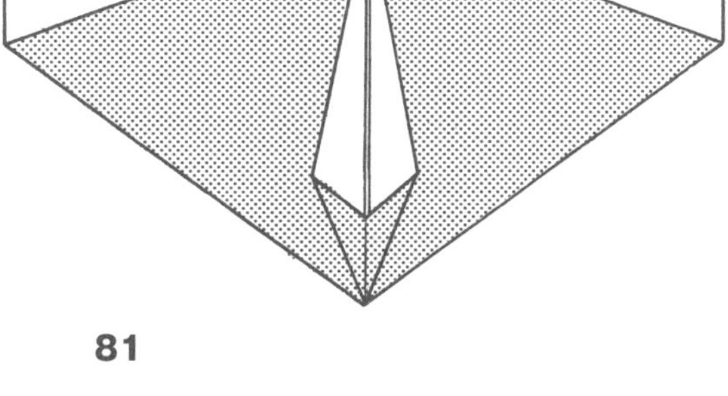

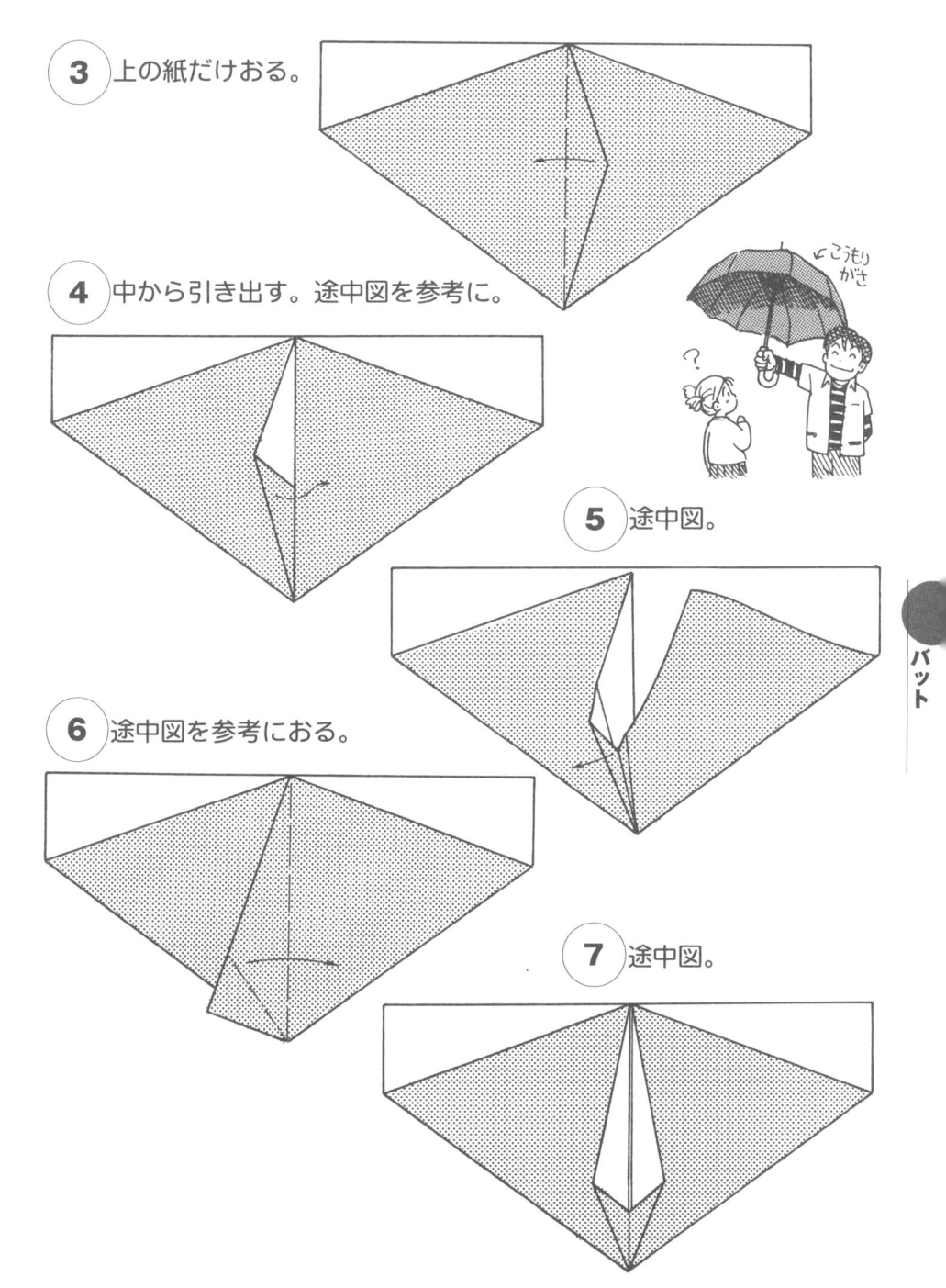

8 印に合わせておる。

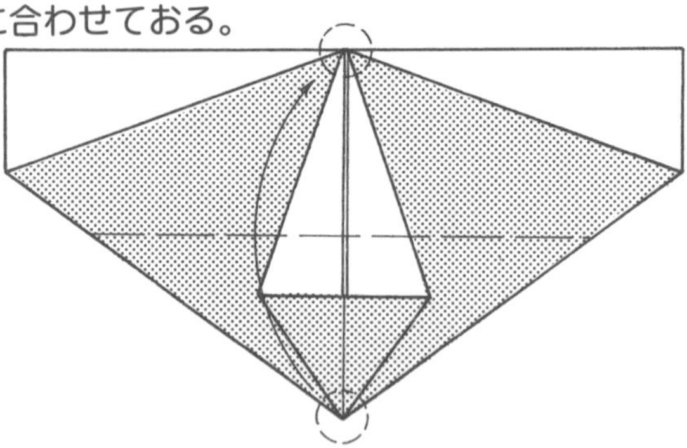

9 もどす。

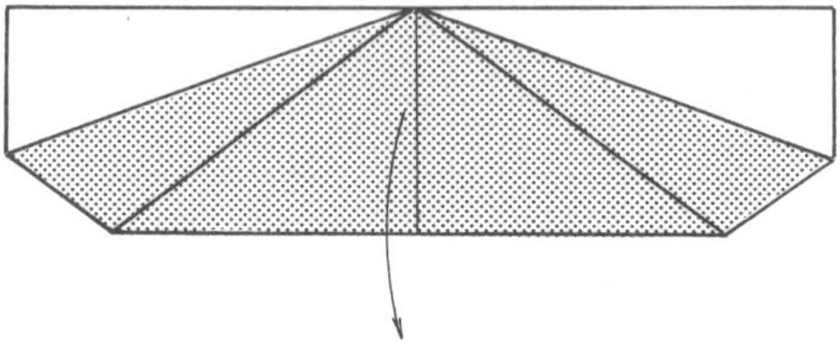

10 上の紙だけおる。

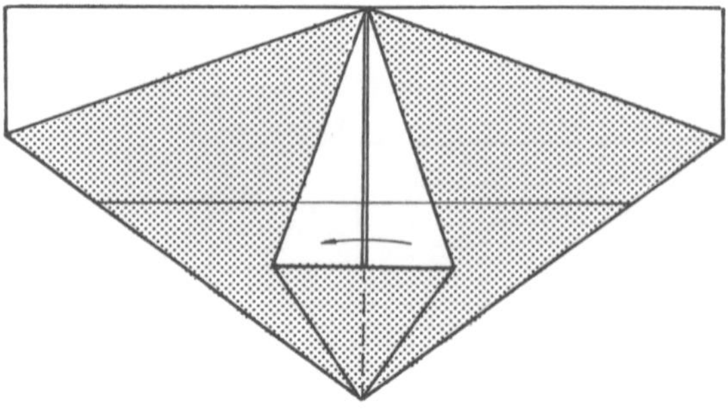

11

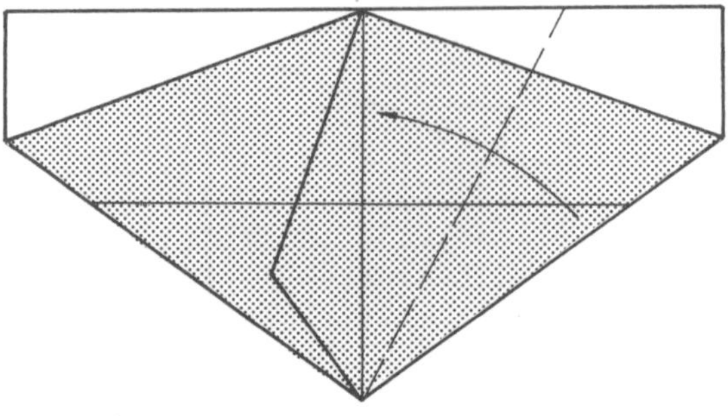

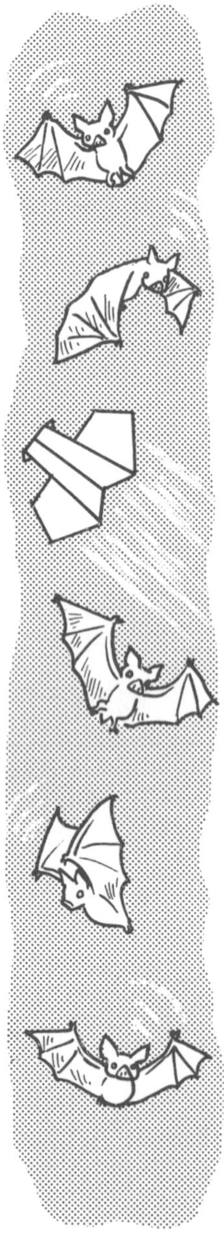

12

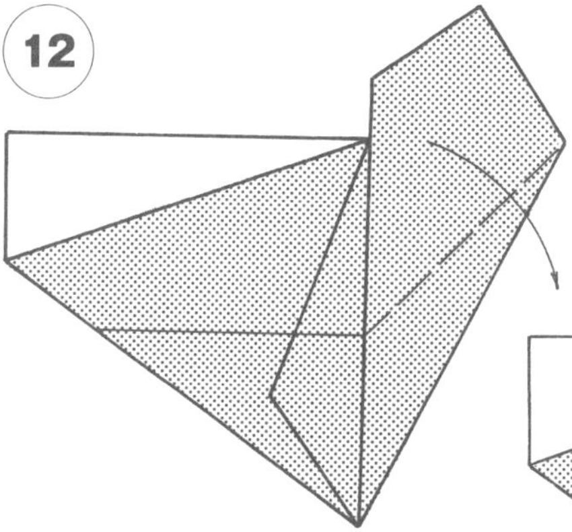

13 いったん開く。

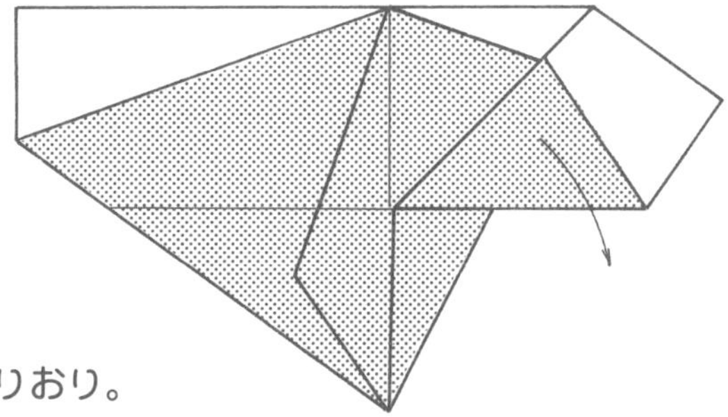

14 途中図を参考に２段中わりおり。

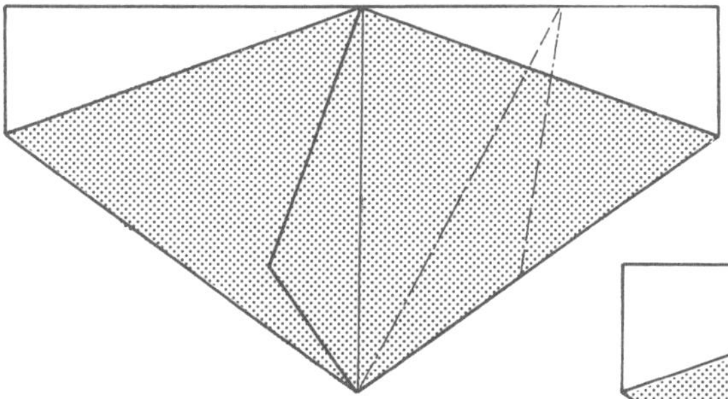

15 途中図。

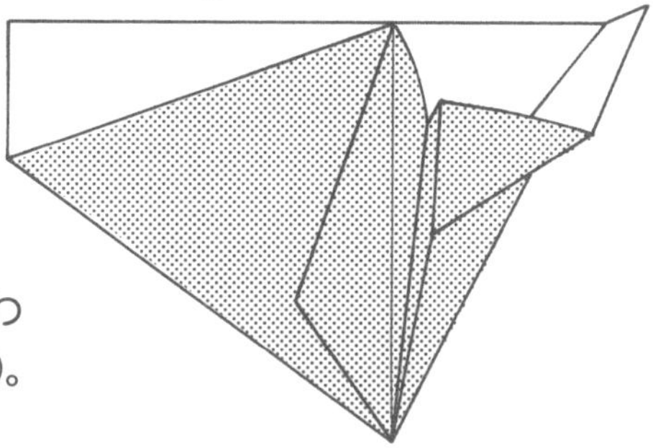

16 ①を２枚ともおった後、左がわ（②）も同様におる（11～15参照）。

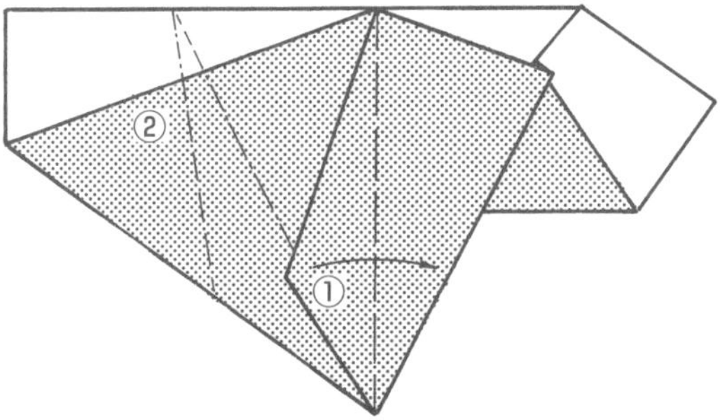

17 上の紙だけおる。

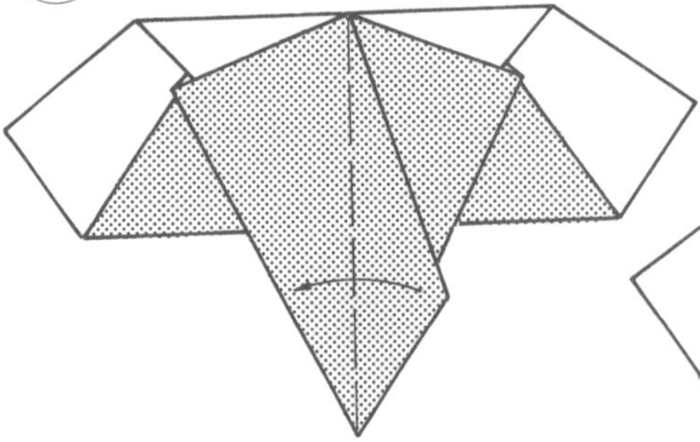

18 上の紙だけおる。

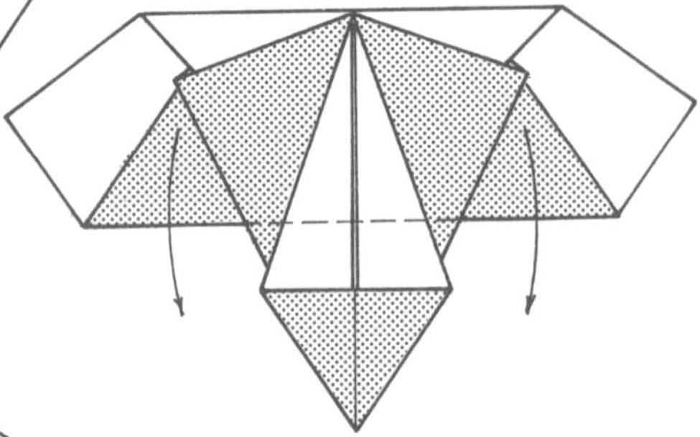

19

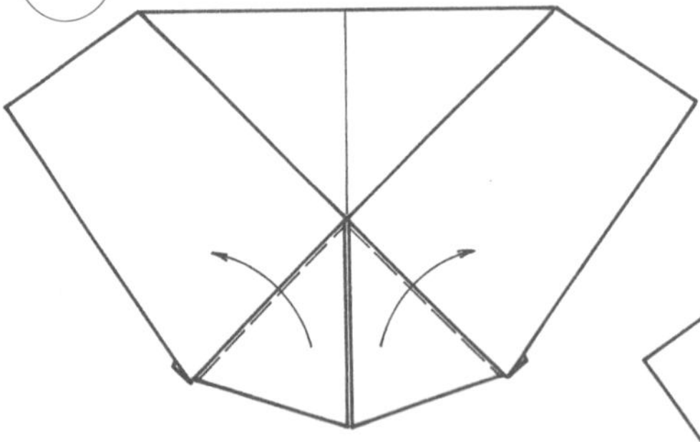

20 印に合わせておる。

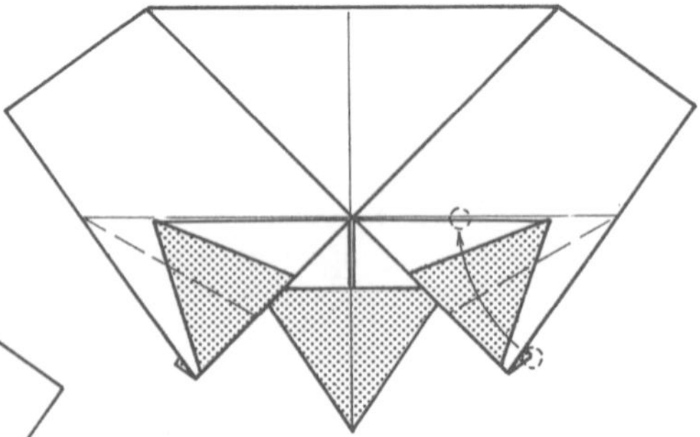

21

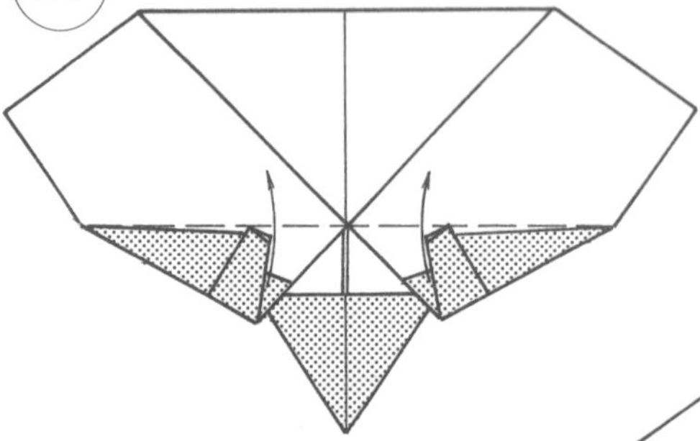

22

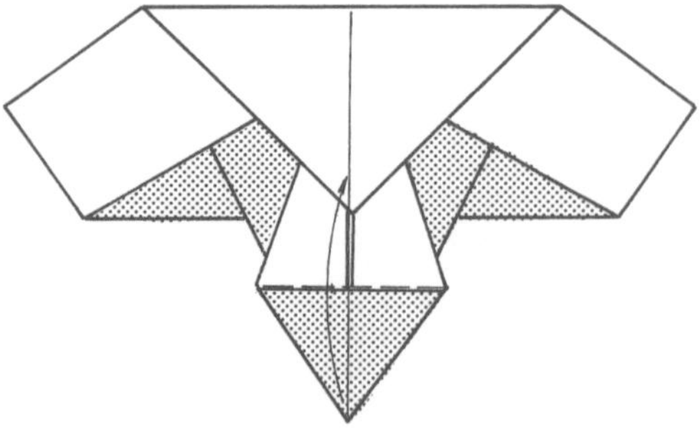

23 半分におる。

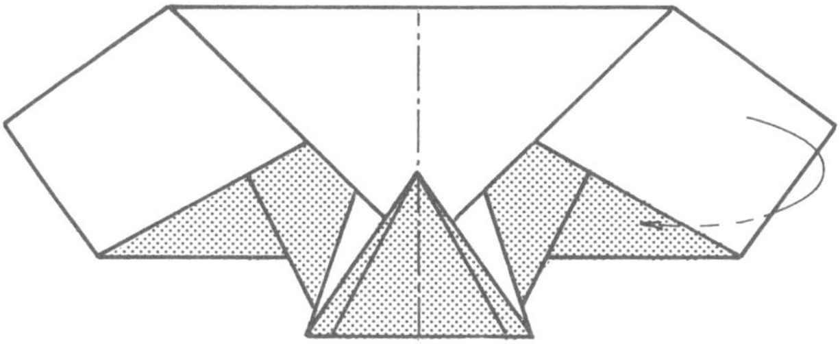

24 印に合わせて翼をおる。
反対がわも同様に。

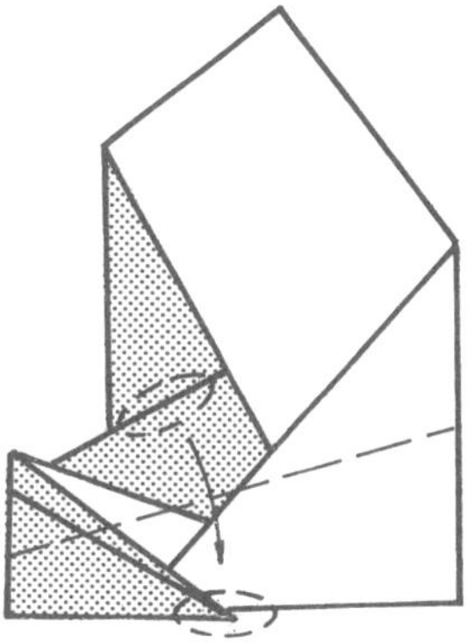

25 3面図のように開く。

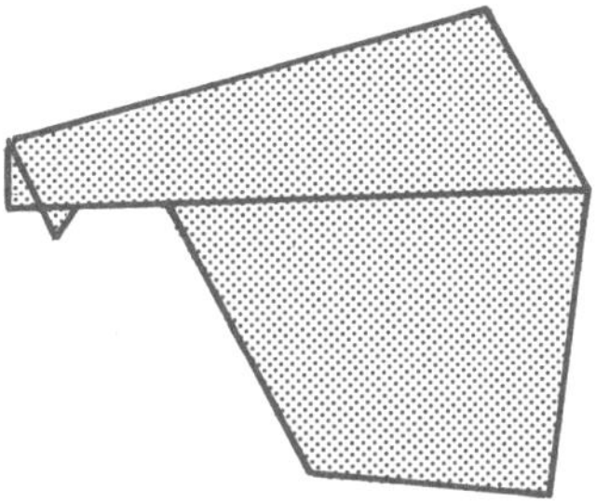

おれたらチェック！ バット3面図

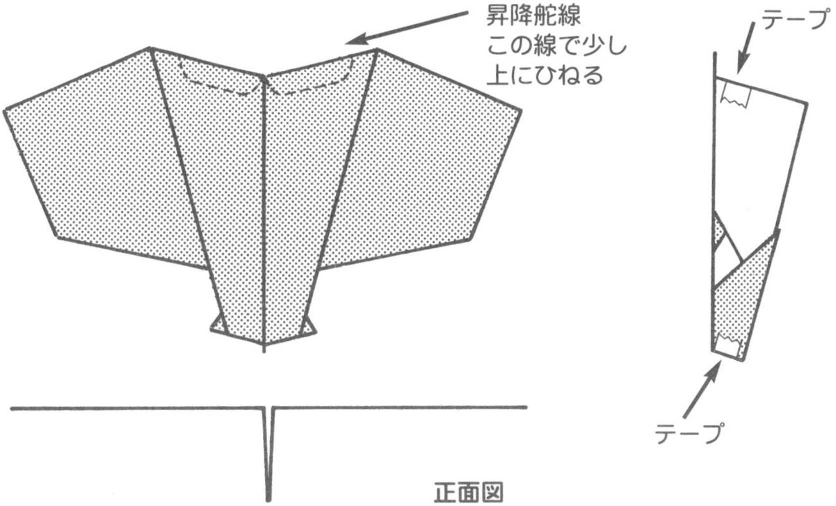
昇降舵線
この線で少し
上にひねる
テープ
テープ
正面図

飛ばし方……Bタイプ

16 ヒバリ

翼の部分でかなり細かいおりの技術を要求される紙ヒコーキです。それだけに仕上がった機体は完成度の高い鳥形になっています。上手に調整すれば本物の鳥のように飛んでくれます。鳥の形のおり紙ヒコーキだけで50種類程度の自作機があります。以前、「鳥のおり紙ヒコーキ」という本を買いましたが、はさみを入れまくっていたり、まったく飛ばなかったりでがっかりした思い出があります。

1 印に合わせておってもどす（かるくおり目をつけるだけにする）。

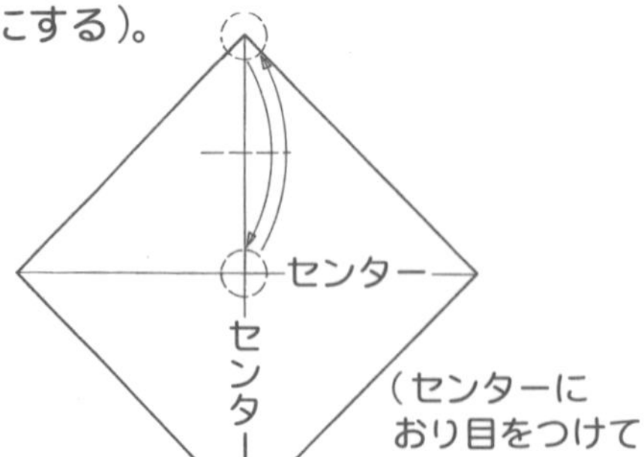
センター
センター
（センターにおり目をつけておく）

2 1でつけたおり目を目標におる。

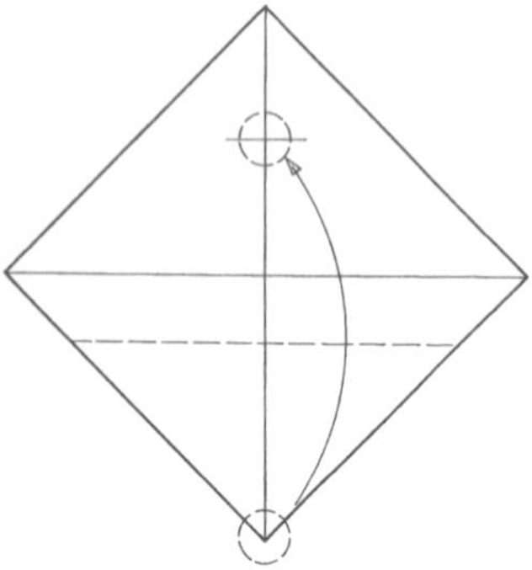

3 うらがえしておった方が楽におれる。

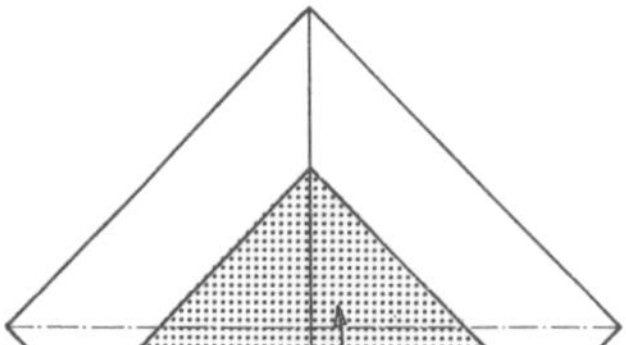

4 印に合わせておる。

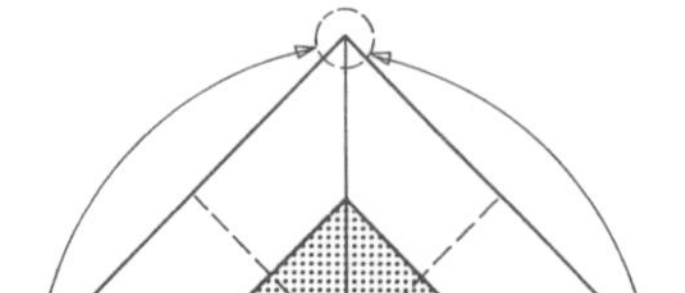

5 a寸法はおおよその目分量《めぶんりょう》で支点Aを決める。Aを基点にCラインとB点を合わせておる（6を参照）。

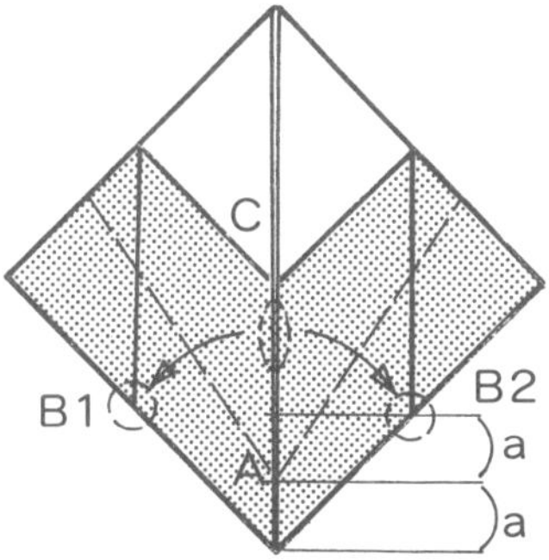

6 しっかりおり目をつけて元にもどす。

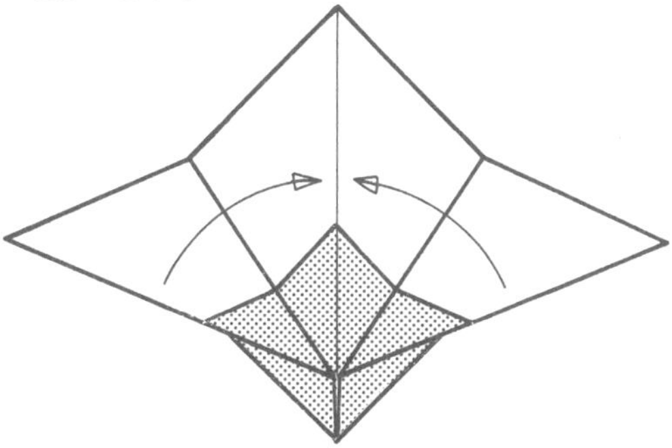

7 6でつけたおり目を中わりおりにし、9のようにする。

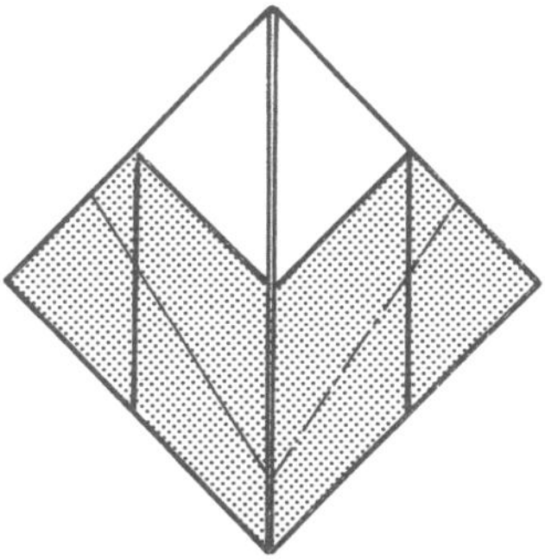

8 反転させて

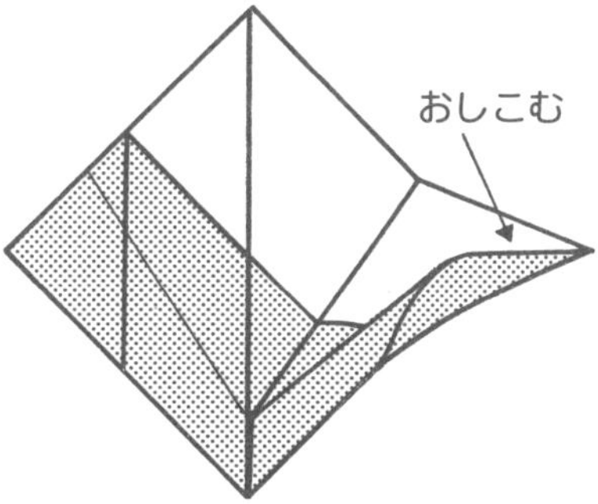

9 反対がわも同様に。

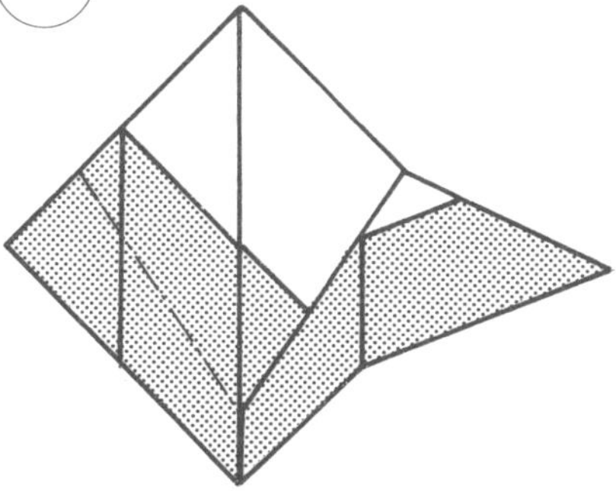

10 上の紙をおる。

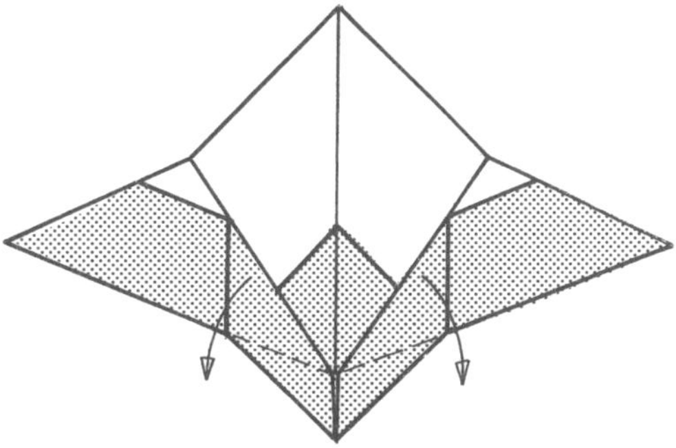

11

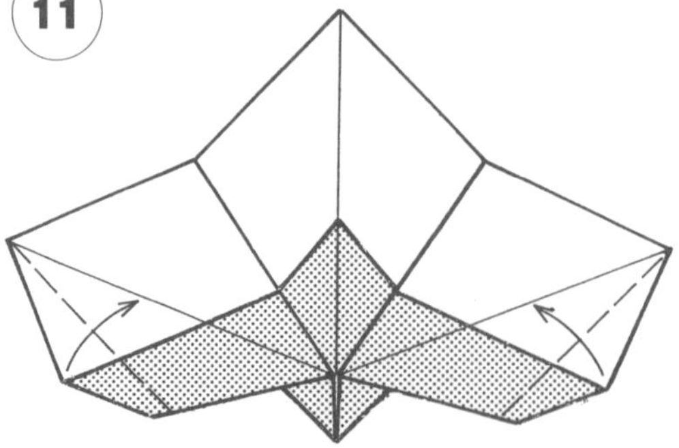

12 aどうし、bどうしが同じはばになるように翼端《よくたん》をおってもどす。

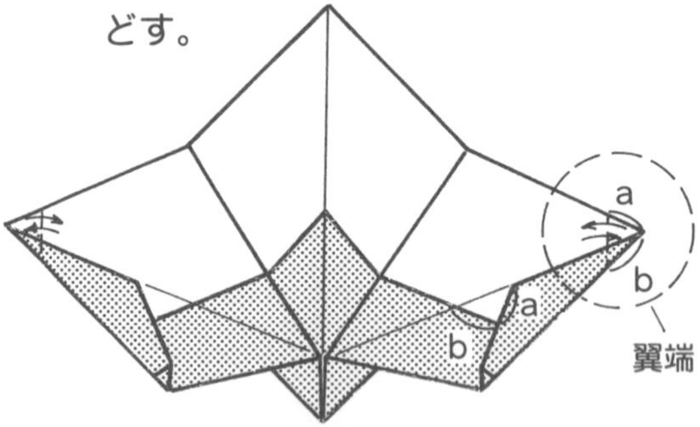

13 翼端部分を順におっていく。

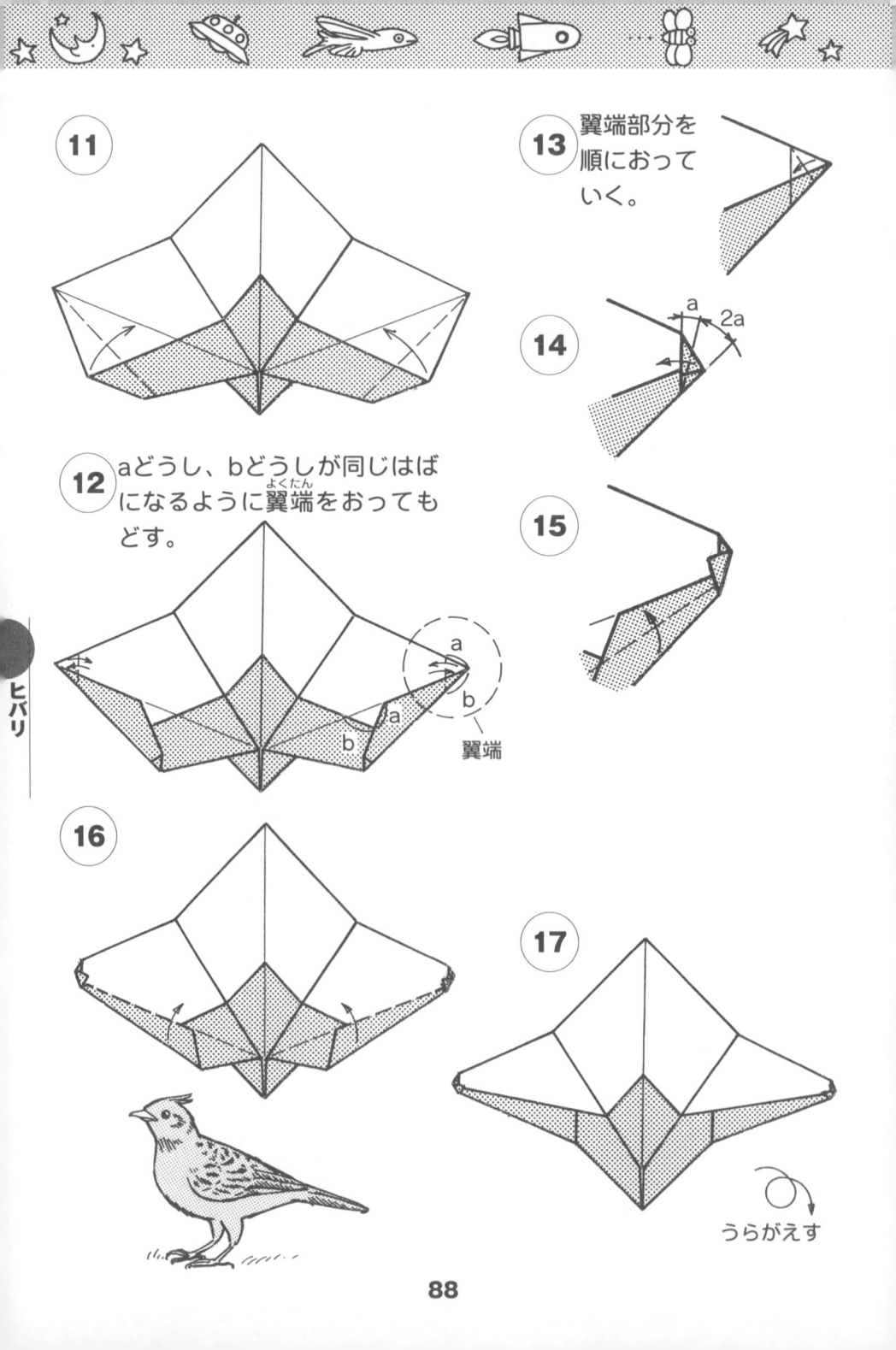

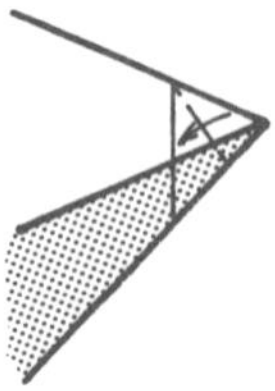

14

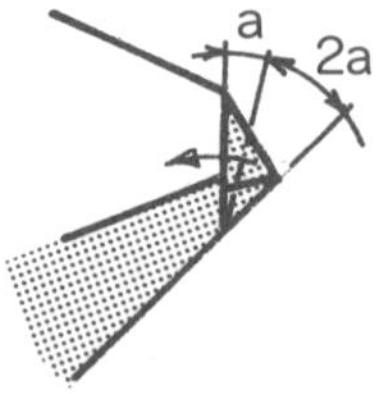

15

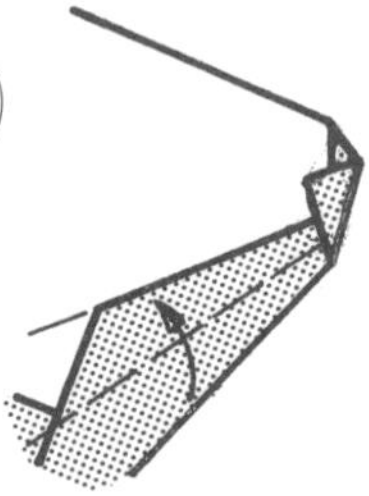

16

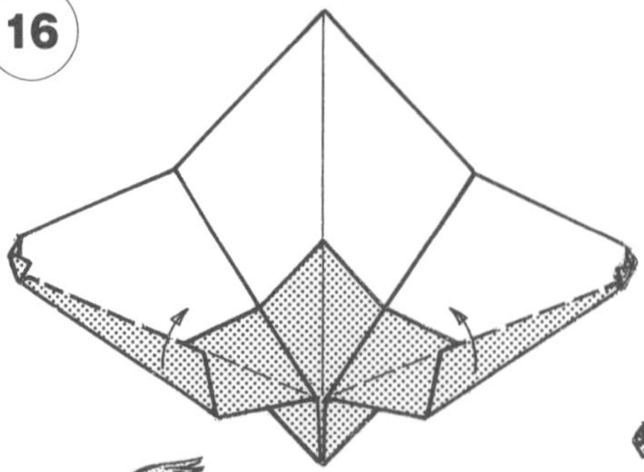

17

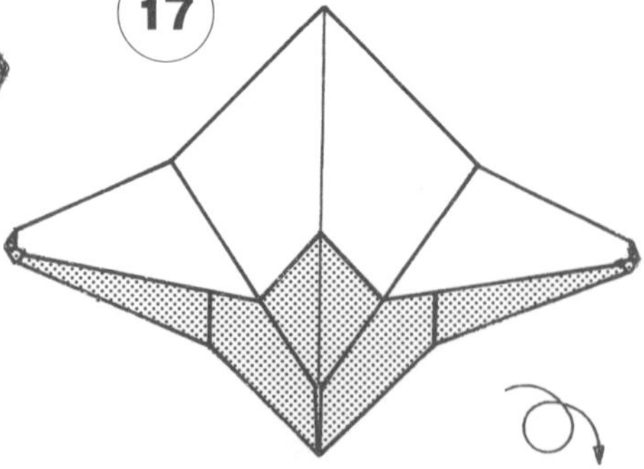

18 おり目をつけてもどす。

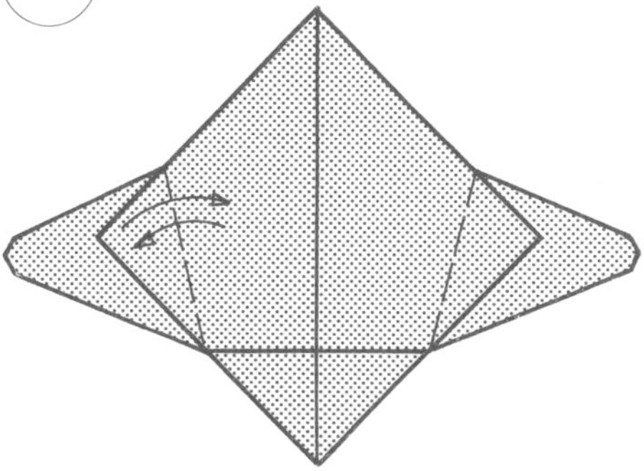

19 さらにおり目をつけてもどす。

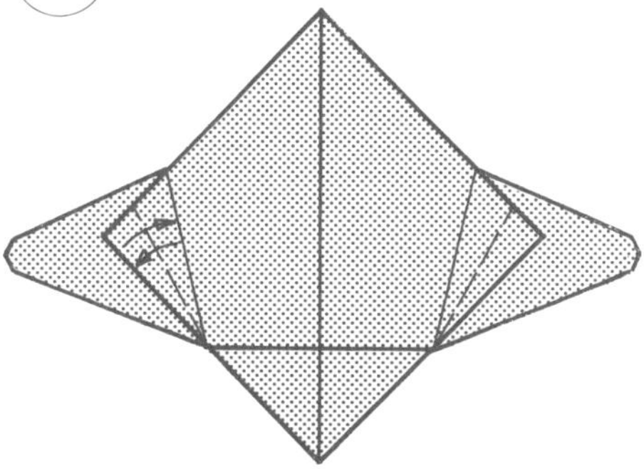

20 19でつけたおり目を中わりおりにする。

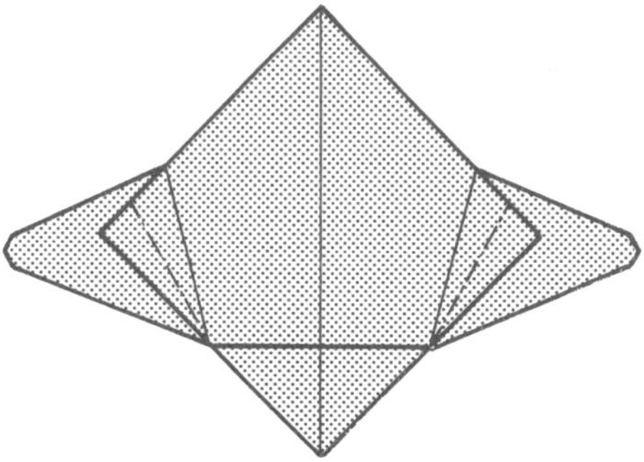

21 さらに図の位置で中わりおり。

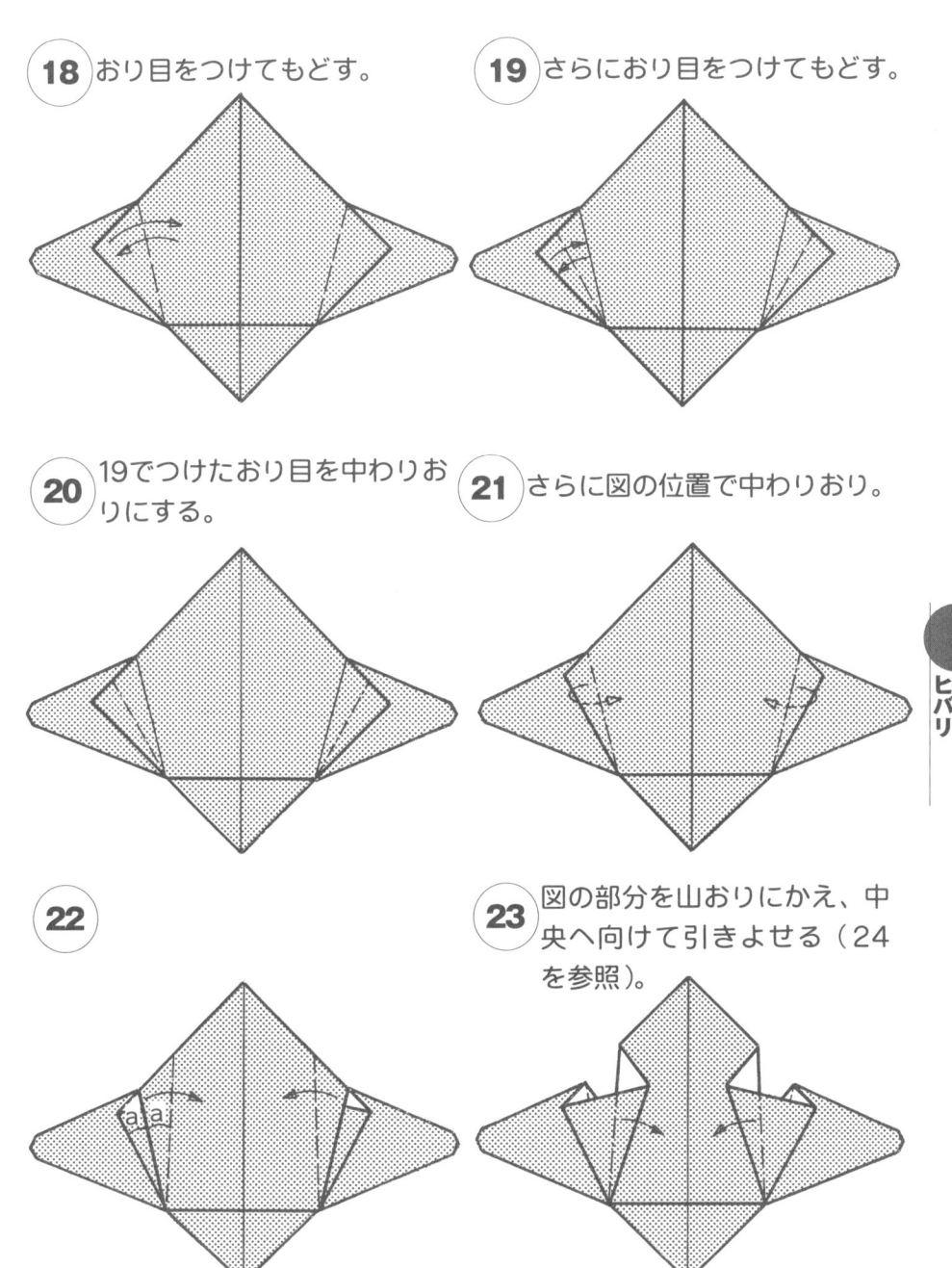

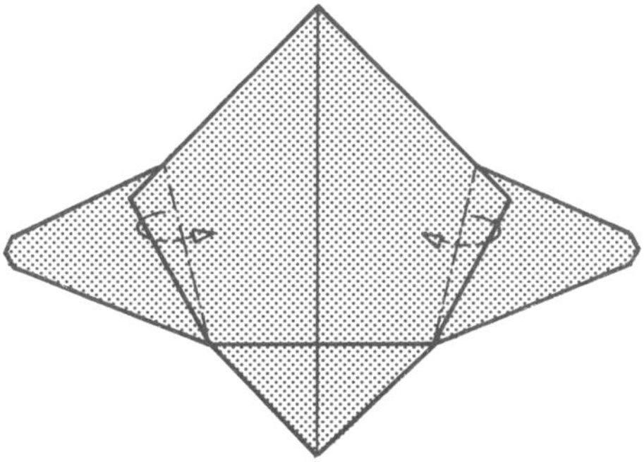

22

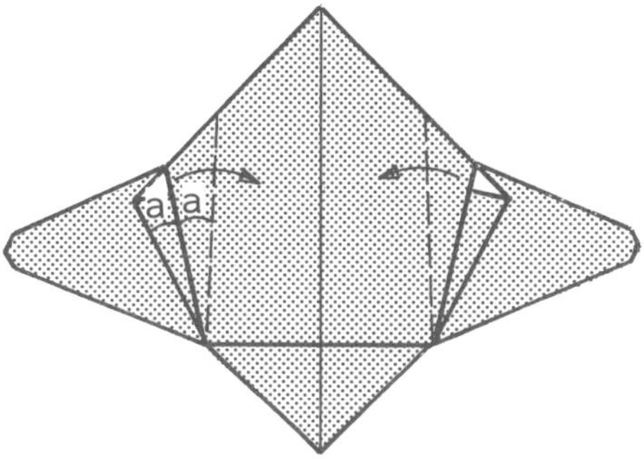

23 図の部分を山おりにかえ、中央へ向けて引きよせる（24を参照）。

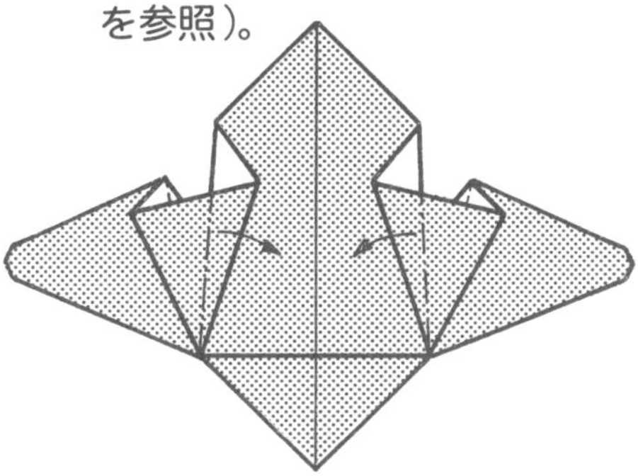

24 引きよせながら、つぶすようにおる。

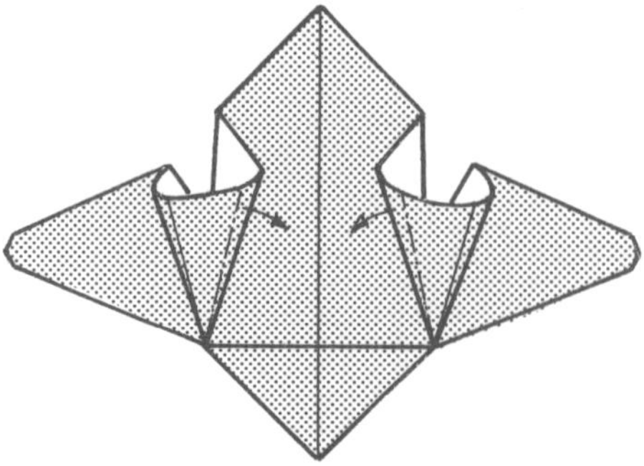

25 26を参考にうらがわへおりこむ。

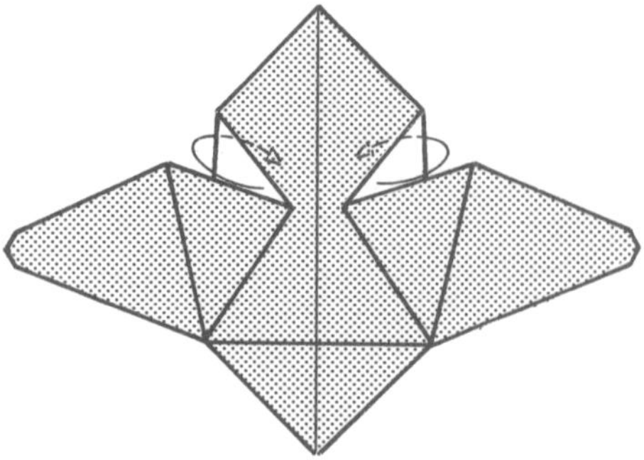

26

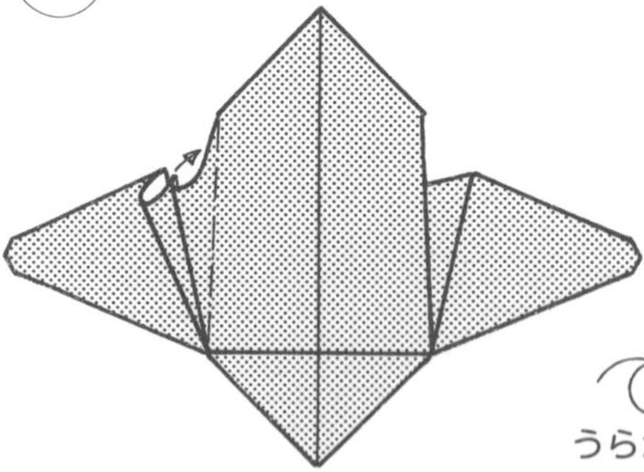

うらがえす

27 内まくり（p8参照）。

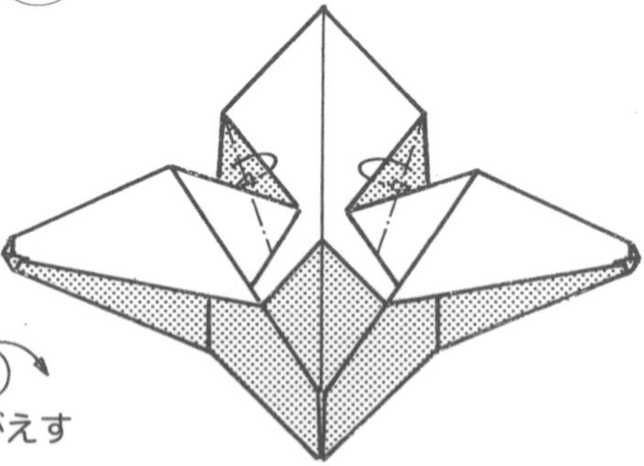

28 半分におる。

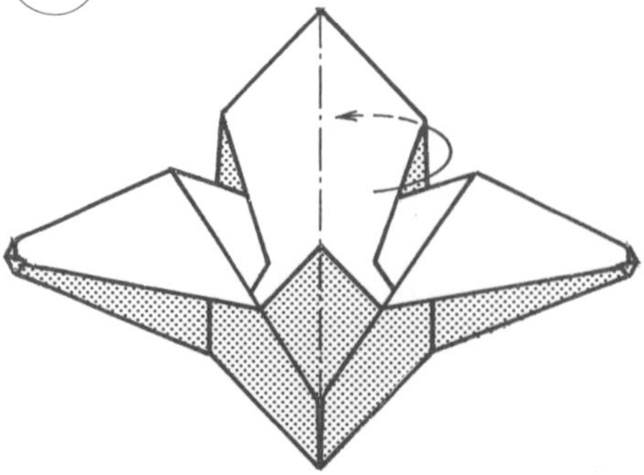

29 図の位置で中わりおり。

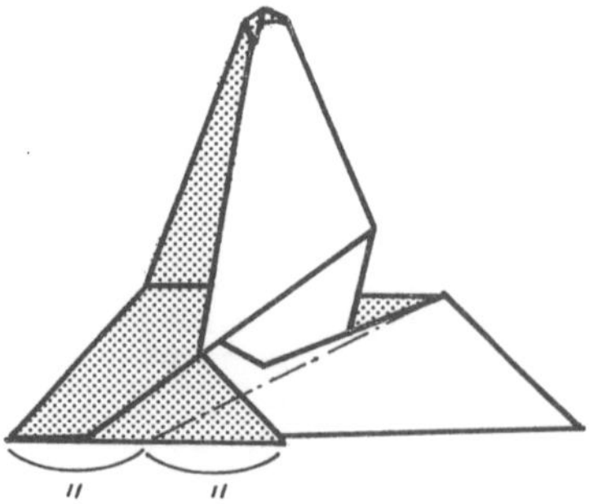

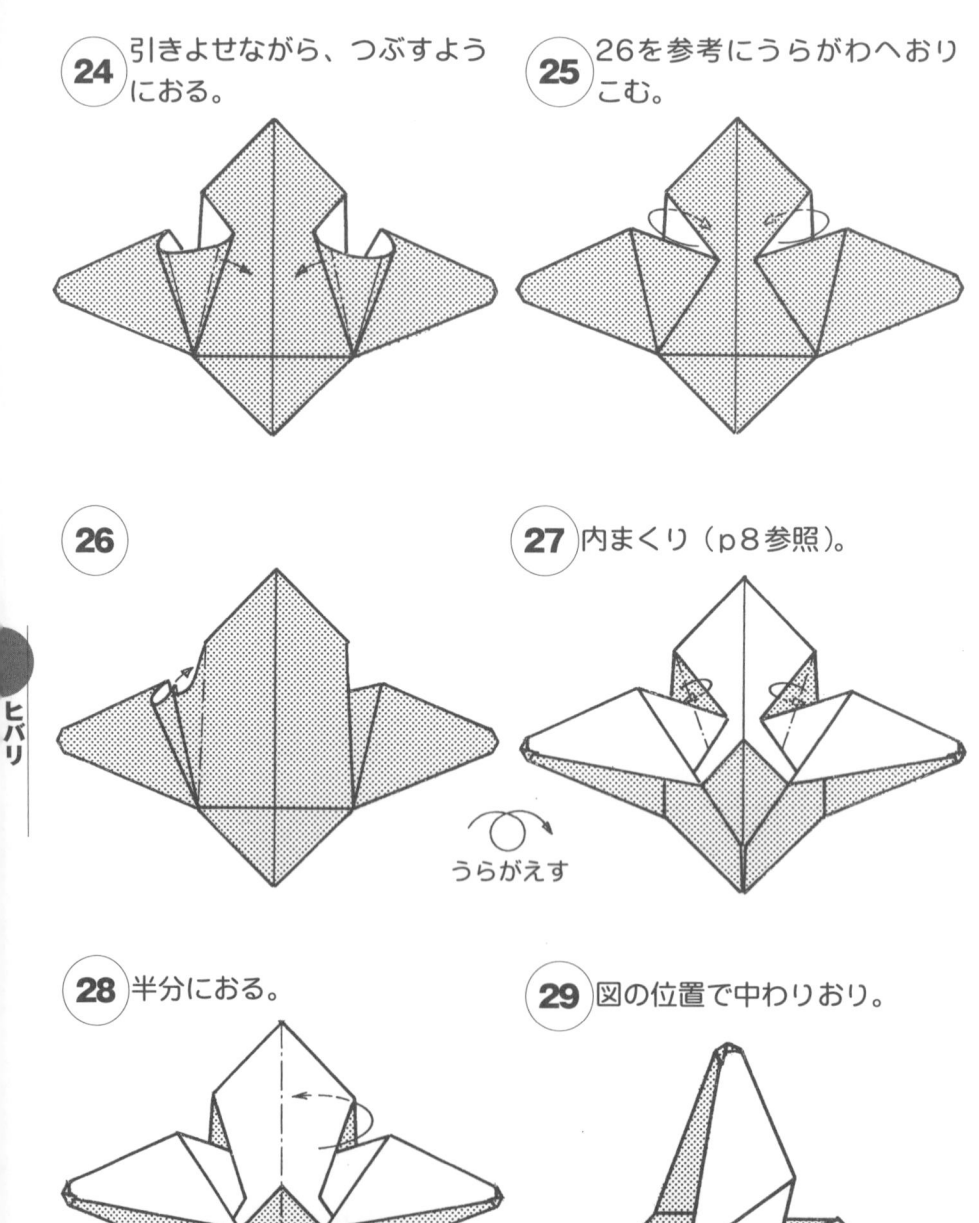

30 図の位置で翼をおる。反対がわも同様に。

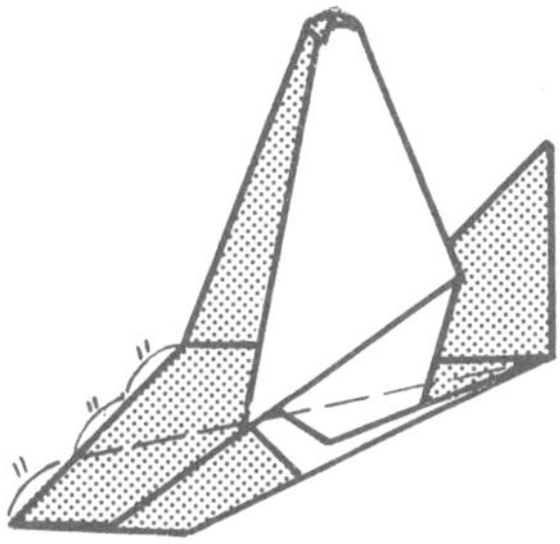

31 ３面図のように開く。

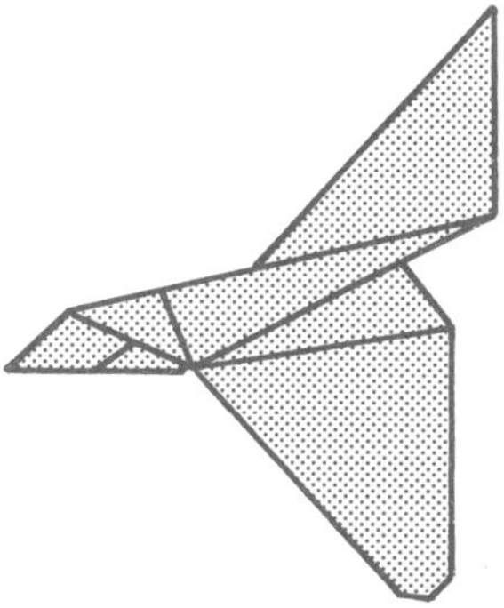

おれたらチェック！ ヒバリ3面図

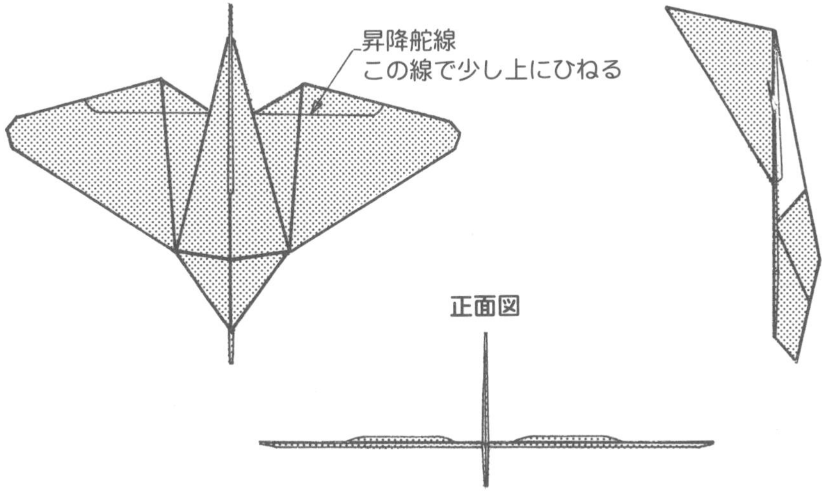

日本折り紙ヒコーキ協会・競技会規約(2005年)

(1)参加規約

1　紙のサイズについて

●滞空時間室内競技

　A5部門…A5サイズ

　A4部門…A4サイズ

●滞空時間屋外競技

　手投げ部門…A4サイズ

　カタパルト部門…A4サイズ

●とよまつ紙ヒコーキタワー部門…

　　　　　A4サイズ

●距離競技部門……………………………

　　　　　A4サイズ

●デザイン部門……………………………

　　　　　B4サイズ

　これらを正方形に切っての使用も可。ランキング認定は日本折り紙ヒコーキ協会の認定した大会で競技用認定用紙を使用したものとする。

2　1枚の紙を折るだけで作る。切ったりオモリを付けたりしてはいけない。

3　テープ止めについて

　滞空時間屋外競技カタパルト部門、デザイン部門は4か所(1か所20mm以下)までテープ使用可。それ以外のすべての競技は不可。

4　カタパルト部門以外はすべて手投げとする。

(2)競技の種類

1　距離競技

●室内限定。競技場の幅は自由とする。あくまでも投げた場所からの測定を基準とする。

●飛ばす位置の高さは平地とし、同じ高さの平地に着地した位置で測定する。床を滑って静止した紙ヒコーキの先端位置までを測定する。

●ヒコーキの翼の横幅を8cm以上とする。

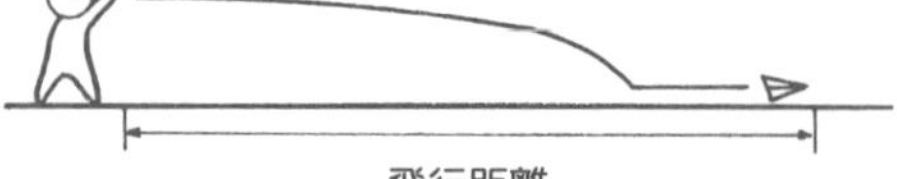

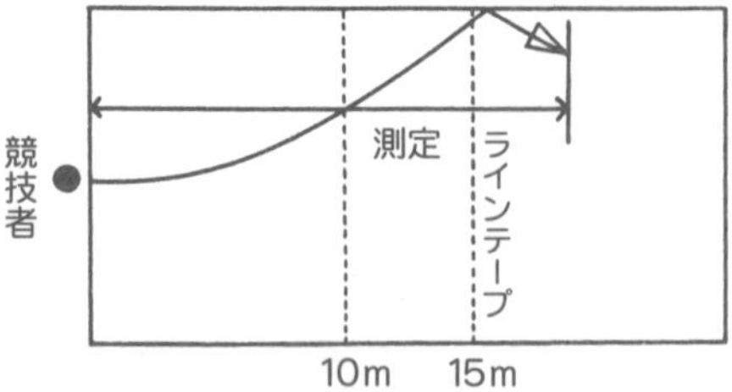

●壁などに当たった場合は着地点で測定する。
●距離はｃｍ単位まで測定（1cm以下は四捨五入）。
●同距離の場合は2回の合計で順位を決める。

2　滞空時間競技

●投げ上げた瞬間から着地までの飛行時間で競う。
●とよまつ紙ヒコーキタワー部門以外は、すべて平地での投てきとする。
●壁などにあたった場合は、落下の瞬間までの時間とする（高所に引っかかったときは再トライ）。
●滞空時間は小数点以下2ケタまで記録（例……１回目15.35秒。２回目6.72秒）。
●会場欄に屋内、屋外を明記する。

3　ポイント着地競技

●平地での投てきとする。
●３回飛行させて着地点の合計得点で競う。

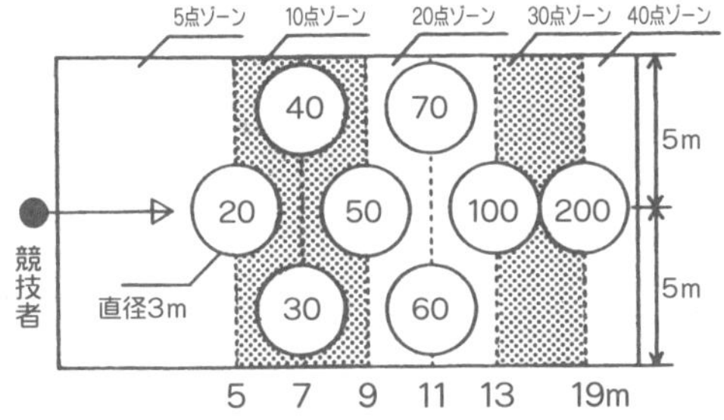

●ポイント円外に着地した場合、両サイド5メートル以内ならゾーン点が得られる。

（3）競技会の公式記録

認定申請方法は、紙ヒコーキ博物館にＦＡＸにて連絡先を明記の上、お問い合わせ下さい。

距離競技の記録用紙

折り紙ヒコーキ競技会 距離競技の部	記録者　会場 月／日	
競技者 No.	1回目（　m　cm） 2回目（　m　cm）	順位
1		
2		
3		

滞空時間競技の記録用紙

折り紙ヒコーキ競技会 滞空時間競技の部	記録者　会場 月／日	
競技者 No.	1回目（　秒） 2回目（　秒）	順位
1		
2		
3		

ポイント着地競技の記録用紙

折り紙ヒコーキ競技会 ポイント着地競技の部		記録者　会場 月／日		
競技者	得点			順位
No.	1回目	2回目	3回目	合計
1				
2				
3				

日本折り紙ヒコーキ協会

1995年、『飛べとべ、紙ヒコーキ』の出版を機に設立。現在では正式な競技ルールが定められ、それに基づいた競技会や教室を開催するとともに、講演も行なっています。会員数は800人を越えました。現在はホームページ上でのみ会員登録をしています。近い将来、一般に会員を募集する予定です。

日本折り紙ヒコーキ協会のホームページ

http://homepage3.nifty.com/origami-plane/

紙ヒコーキ博物館

2001年3月10日、自宅脇に日本唯一の紙ヒコーキ専門博物館を開館。２階建てで、１階には自作のおり紙ヒコーキ数百機と、全国の紙ヒコーキ作家から寄せられたオリジナル作品などを展示し、ビデオコーナーでは映像なども閲覧できます。２階は20畳以上の広い板敷きのスペースを設け、おり紙ヒコーキ教室用に開放しています。風洞実験装置が置かれているので、翼にかかる風の影響や揚力が発生するしくみなどを実体験できます。また、壁面の棚には200機以上のおり紙ヒコーキと、切り紙ヒコーキ作家のアンドリュー・デュアー氏や二宮康明氏などの作品も展示。開館日には指導員が常駐していますので、この本を読まれており紙ヒコーキに興味を持たれた方や、ヒコーキがうまくおれない・飛ばせない方もぜひ遊びにいらしてください。

住所：〒720-0004　広島県福山市御幸町中津原1396番地
電話・FAX：084-961-0665
入場料：100円（３歳以上一律料金）
開館日：毎週土曜日10時～16時（平日・日祝日の入館希望については事前にメールまたは電話で相談を）

とよまつ紙ヒコーキタワー

2003年春、広島県神石郡豊松村《じんせきぐんとよまつそん》にある標高663ｍの米《よな》見山《みやま》の山頂に、世界初の紙ヒコーキ専門タワーが完成しました。鉄骨２階建ての施設の上に高さ26.5ｍの展望台が乗っています。１階には紙ヒコーキを作るための部屋があり、そこから18ｍの高さにある展望室まで昇ることができます。開館日には展望室から入場者が自分でおった紙ヒコーキを飛ばせます。建物の屋根にはソーラーシステムを取り入れ、公園に設置された風力発電装置とあわせて電力をまかなっています。2003年3月22日、第１回全日本折り紙ヒコーキ大会の決戦大会がここで開催されました。定期的に全国大会、世界大会を開く予定です。

住所：〒720-1704　広島県神石郡豊松村大字下豊松381米見山山頂
電話：08478-4-2000
入場料：100円（中学生以下無料）
エコ用紙を10枚200円で販売（専用エコ用紙以外の紙の使用は不可）
開館日：原則として毎週火・木・土・日祝日。４～９月までは10時～18時。
10～11月、３月は10～15時。12～２月までは休館。

【著者紹介】

戸田拓夫《とだたくお》

1956年、広島県福山市生まれ。
高校時代は剣道で活躍（２段）。早稲田大学中退、在学中に登山活動で体調を崩し入院したのを機に折り紙ヒコーキの開発を始める。立体折り紙ヒコーキなど開発した機種は500以上にのぼる。

●現在

精密鋳造会社キャステムグループ６社（社員総数700名）の社長を務める。
日本折り紙ヒコーキ協会会長。紙ヒコーキ博物館館長。
広島県神石高原町に紙ヒコーキタワー建設を提唱、2003年完成。

●主な活動

1976年　折り紙作家・中村栄志氏から指導を受け、折り紙ヒコーキの自作機の開発を始める。
1993年　「ふくやま美術館」で初の折り紙ヒコーキ展を開催（来館者5721名）。
1996年　ドイツで紙ヒコーキ大会開催、運営指導にあたる。
佐賀および鹿児島で紙ヒコーキ大会開催、運営指導にあたる。
1997年　パリ凱旋門からの飛行実験（フジテレビ放送）
1998年　愛媛「川之江紙のまち資料館」にて紙ヒコーキ展。
1999年　３ｍの巨大ヒコーキの飛行実験に成功、滞空時間35秒・距離135ｍ（東海テレビ主催。科学技術庁長官賞受賞）。
「航空宇宙フェア'99」にて講演（名古屋）。
2001年　「紙ヒコーキ博物館」を開館。
2002年　純粋折り紙ヒコーキでの室内滞空時間記録保持者ケン・ブラックバーン氏の記録17,1秒を破って18,1秒の新記録を樹立。
2003年　ＴＢＳドラマ『GOOD LUCK』台本監修。木村拓哉氏に紙ヒコーキの折り方・飛ばし方を指導。
「第１回全日本折り紙ヒコーキ大会」開催。
2004年　ネパールのポカラにて紙ヒコーキ指導。
東京ドームにて世界記録を更新（記録19,24秒。日本テレビ系にて放送）。
タイ国文部科学省の後援のもとINPACT会場にて紙ヒコーキ大会運営指導（８万人参加。タイ国王・王女拝謁）。
『折り紙ヒコーキ進化論』（ＮＨＫ出版）が全国高校模試国語問題に出題される。
2005年「第２回全日本折り紙ヒコーキ大会」開催。

●著書など

『飛べとべ、紙ヒコーキ（日本語版・中国語版）』『よく飛ぶ立体折り紙ヒコーキ』
『よく飛ぶ！折り紙・切り紙ヒコーキ』『親子であそぶ折り紙ヒコーキ』（以上、二見書房）、
『おり紙ヒコーキ　ワンダーランド（通常版・ワイド版）』
『動物が飛ぶ！怪獣・ロボットが行く！スーパーおり紙ヒコーキ』（以上、いかだ社）、
『折り紙ヒコーキ進化論』（ＮＨＫ出版）、『折り紙ヒコーキ（タイ語版）』（ＭＴＥＣ）、
『紙ヒコーキ博物館』（日本折り紙ヒコーキ協会編）、『おりがみひこうきあそび』（ショウワグリム）

作図●戸田拓夫

写真●小野 裕

イラスト●上田泰子

ブックデザイン●渡辺美知子デザイン室

【ハンディ版】動物が飛ぶ！ 怪獣・ロボットが行く！
スーパーおり紙ヒコーキ

2005年7月11日第1刷発行

著者…………戸田拓夫 ©
発行人………新沼光太郎
発行所………株式会社いかだ社
〒102-0072 東京都千代田区飯田橋2-4-10 加島ビル
☎ 03-3234-5365　FAX 03-3234-5308
振替・00130-2-572993
印刷・製本　株式会社ミツワ

乱丁・落丁の場合はお取り換えいたします。
ISBN4-87051-174-6